赢未来

——佛山市顺德区梁开初级中学教育教学文集

李贤锡　主　编
黄　焕　副主编

世界图书出版公司
广州 · 上海 · 西安 · 北京

图书在版编目（CIP）数据

赢未来：佛山市顺德区梁开初级中学教育教学文集 / 李贤锡主编. —广州：世界图书出版广东有限公司，2022.7

ISBN 978-7-5192-9056-6

Ⅰ. ①赢⋯ Ⅱ. ①李⋯ Ⅲ. ①初中—中学教育—文集 Ⅳ. ① G63-53

中国版本图书馆 CIP 数据核字（2022）第 061826 号

赢未来——佛山市顺德区梁开初级中学教育教学文集
YING WEILAI——FOSHAN SHI SHUNDE QU LIANGKAI CHUJI ZHONGXUE JIAOYU JIAOXUE WENJI

主　编	李贤锡
责任编辑	卢雁君　翁　晗
装帧设计	米非米
出版发行	世界图书出版有限公司 世界图书出版广东有限公司
地　址	广州市海珠区新港西路大江冲 25 号
邮　编	510300
电　话	（020）84452179
网　址	http://www.gdst.com.cn/
邮　箱	wpc_gdst@163.com
经　销	新华书店
印　刷	广州市迪桦彩印有限公司
开　本	787 mm × 1 092 mm　1/16
印　张	17
字　数	300 千字
版　次	2022 年 7 月第 1 版　　2022 年 7 月第 1 次印刷
国际书号	ISBN 978-7-5192-9056-6
定　价	68.00 元

一份特殊的爱

梁开中学是顺德中心城区承担为初中阶段特殊儿童送教工作的一所公办普通初中。学校联系我说要出一本教师文章的汇编，内容涵盖随班就读和送教案例，以及学校在融合教育和德育管理中的故事等内容。学校希望通过汇编对之前的普特融合工作做个梳理，也对今后接触随班就读和送教工作的老师有所启发，书名叫《赢未来——佛山市顺德区梁开初级中学教育教学文集》，希望我能为书写个序。开始我是拒绝的，但因多次提及特教，而作为在顺德区启智学校工作 18 年的老特教人，见证着我区送教上门从无到有、从有到精的过程，对特教有着深厚感情的我，最终还是硬着头皮答应了下来。

由普通学校教师承担特殊儿童少年送教上门的工作，是顺德教育的首创。一方面，顺德需要送教上门的孩子分散在十个镇，由区启智学校承担送教工作，时间和人力成本太大；另一方面，融合教育是特殊教育发展的趋势，普通学校的老师通过送教工作，提前了解特殊学生，掌握一些特殊儿童的教育和训练的方法，将从理念和操作层面促进融合教育的发展。2014 年，顺德区教育局确定了第一批 12 所普通学校为特殊教育资源教室学校，梁开中学就是其中的一员，而我作为顺德区特殊教育支援服务中心的具体执行人员，开始了与梁开中学的特殊情缘，也感受到了学校和老师们那份特殊的爱。

梁开中学负责对顺德区福利院中不能入读特殊教育学校，且年龄处于义务教育初中阶段的学生进行送教，所面对的是一个相对集中，但是程度也相对严重的群体。从老师们书写的送教上门工作案例可以看出，老师们基本上都经历了一个从拒绝到接纳，再到想尽办法提升孩子的教育质量，最后通过送教思考自己的教育生涯乃至人生的过程。这个过程实际上也正是特殊教育与普通教育逐渐融合的过程。字里行间，老师们并没有过度渲染学生们的特殊，而是努力寻找打开特殊学生们心灵的钥匙，关注学生的一言一行、一举一动，一个小爱好、一个小需求，并巧妙地结合自己的学科专业，让学生们有所得，无论是一个规范的行为，一次伙伴的合作，还是一个作品的完成都渗透着梁开中学老师们满满的爱。

而对梁开中学德育工作成效的领教，则是在 2016 年的暑假。2016 年 5 月，广州体育学院侯晓辉教授给了启智学校一个任务，希望组织一个特殊学生的足球队，和普通学校的学生参加各级的融合足球比赛。作为启智学校当时的校长，那个暑假我和一群体育老师们没有休息，带着十几个孩子整整训练了一个多月。8 月底，我们满怀信心地到广州体育学院参加广州市的比赛，由于作为融合伙伴的梁开中学队员正从海南集训坐火车回广州，所以，我们的孩子们临时和广体的学生队伍进行比赛。低年级组输，A 队输，B 队输，作为带队领导的我已经输红眼了，要知道，这是集训了一个暑假，老师们没放假，学生们晒得黑黝黝，家长们经常买水果探望的队伍，不是输不起，是我怕这一仗后，精气神被打没了。正在这个时候，梁开中学的足球队员如神兵天降，原来他们下了火车，早饭都没吃就直接打车过来参加比赛。进球！再进球！又进了！局面马上扭转，几支队伍都陆续进入 4 强、冠亚军决赛。梁开中学的学生们是用智慧在踢球，是用爱在带着我们的特殊孩子踢球。把球送到启智孩子脚下，鼓励他们射门；用身体保护着启智孩子们长距离的控球……中场休息时，我问一个已经被北滘中学录取的队员，踢这种比赛有意思吗？这个学生告诉我说，很有意思，而且他感受到启智的孩子们很阳光、很健康，应该给他们更多的支持和帮助。那一刻，我想到的就是这个学校的德育真的很成功。在梁开中学，接纳特殊群体不是一句口号，而是实际的行动，是实实在在的教育成效。

赢未来，让我们带着这份特殊的爱继续走在探索教育真谛的道路上；赢未来，让我们教育人用专业、用爱心引领孩子们走到成功的彼岸；赢未来，愿梁开中学在追求教育高质量发展的道路上硕果累累。

王 涛

2020 年 8 月 25 日（七夕夜）

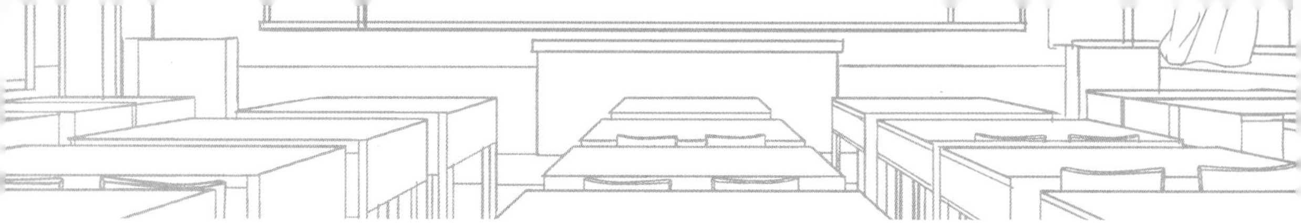

家校携手　共克时艰

——李贤锡校长在学生居家学习动员会上的讲话

亲爱的同学们：

新年好！

在万木展露葱茏共迎春暖花开之际，我代表学校全体教职员工，向梁开中学（简称“开中”）全体同学致以诚挚的祝福，祝大家健康吉祥，开心进步！向受疫情影响而身在外地的同学们致以诚挚的问候，请你们多加保重，盼早日平安归来！

在中华民族准备欢度新春佳节的时刻，突如其来的新冠肺炎疫情肆虐横行。在严峻的挑战面前，全国人民众志成城，同舟共济，与时间赛跑，同病毒斗争。在防控疫情的过程中，信心的坚定、决策的关键、科学的力量、人生的取向、人性的光辉……就像一幕幕大戏，淋漓尽致地呈现在我们面前。我们看到了医护人员的踊跃担当，看到了挑战面前迎难而上的英雄，看到了社会各界的支持和配合，看到了中华儿女的凝聚力，看到了祖国强大的动员力量……一件件、一幕幕，总有一件让我们深深地感动，使我们更能体会到我国社会主义制度的巨大优势。这样的经历，相信会深深地嵌入同学们的成长记忆中，当同学们将来成为国家的建设者时，会将这种感动和体会转化为强大的奋斗动力。

同学们的年龄介于 13—15 周岁，这是你们有史以来第一次面对全国性的重大公共卫生事件。这场疫情，对同学们来说，是教育，也是人生一课。对此，我把我的一些思考和同学们交流。

一、担当社会责任。我们都是社会中的一分子，同呼吸，共命运。一场疫情，每一个人都无法独善其身。今天，一大批有担当的人冲在前线，承担起抗击疫情的重担，为社会安宁发展而负重前行。我希望同学们牢记，明天，时代的重任终要交给你们。若干年后，老师期待能看到你们凭着良知和专业，活跃在祖国的各行各业，为社会的发展进步贡献力量。在历史的重任移交到你们肩上之前，练就过硬本领，就是同学们最好的担当方式。学校会竭尽所能，让同学们在开中的学习生活中，积聚更多的智慧和力量去迎接未来的挑战。

二、保持同理之心。岁末年初的疫情，湖北省，特别是武汉市一直是疫情严重之地，武汉甚至封城，筑起了与其他地区之间的防火墙，承受了防止疫情大规模外扩的代价。那里生活着许许多多跟你我一样的人们，他们是受影响最重的同胞，面临着生活的不易和压力，承受着心理的焦虑和委屈，这一切，罪魁祸首是新型冠状病毒。湖北人跟我们一样，是疫情的受害者，我们要抗击的是病毒，而不是我们的同胞。因此，我们要摆正视角，保持同理之心，一起守望相助，善待身边的每一个人，关心身边的每一个湖北同学，我们共同为武汉加油、为湖北加油。

三、带着感恩学习。这个寒假，老师们没有闲着。从 1 月 23 日开始，学校各项防控疫情的工作紧张、有序地推进，为了准确把握情况，为了做好引导工作，为了落实居家隔离，老师们日夜奋战，不厌其烦，经历了多个不眠之夜。这一过程，也得到了广大家长的支持和配合。这一切，都是为了同学们，为了同学们的家庭，为了我们的社会。同时，为了实施“停课不停学”，老师们克服困难，精心准备，反复打磨，为同学们制作教学资源，部分老师还是第一次尝试线上授课。今天开始，同学们看到的微课、课件、习题，都带着老师们的职业责任感，尽管可能有这样那样的不完善，但一定饱含老师们在特殊时期的心血。因此，请同学们感念我们爱岗尽职的老师们！待同学们返校后，老师们会帮助你们温故知新。谢谢你们的理解和包容！同舟共济，我们一定能走好这段特殊的路。

四、不给社会添乱。同学们年龄虽小，但你们也能为抗击疫情做贡献。你们听政府的话，听家长的话，听老师的话，非紧急情况避免外出，不参与人员聚集性活动，保护好自己。同学们，每天新闻播出的疫情报告，变化的不只是数据，更是一个个的人，而一个个的人背后又是一个个鲜活的家庭，数字的每一次跳动，无不牵动着我们的人性之心。疫情之下，不给社会添乱，保护好自己，就是保护好家庭，就是保护好身边人，就是做好自己的本分，就是为社会做贡献。给懂事的同学们点赞！

冬天即将过去，春天马上到来！作别特殊的寒假，是你我在历经严峻挑战之后的理性思考，是你我在历经罕见困难之后的凝心奋战！

期待春暖花开之时，在阳光明媚的美丽开中，与亲爱的同学们重逢。

佛山市顺德区梁开初级中学校长　李贤锡

2020 年 2 月 17 日

目录 CONTENTS

佛山市顺德区梁开中学简介

梁开中学始创于 1991 年 9 月，是由旅港乡亲梁开先生捐资 1 000 万元港币与大良镇政府共同兴建的全日制公办初级中学，位于大良街道新基三路，1995 年被评为佛山市一级学校。

2005 年易地重建。新校区由大良街道政府拨款 1.2 亿元兴建，位于佛山市顺德区的中心大良街道南区延年南路，交通便利，配备齐全，环境优美，是公办的广东省一级学校。学校占地面积 79 905 平方米，建筑面积 56 284 平方米。学校现有专任教师 185 人，其中，国家、省、市、区级骨干教师、学科带头人和优秀教师 71 人，多名教师加入省、市、区级各学科教育专业委员会等学术团体，师资力量雄厚，年轻教师发展前景好。学校配备足够的功能场室和标准的设施设备，教学和管理实现信息化，为教师施展才华提供优异的条件。

自信 自主 自律 自强

学校践行“人人成功，差异发展”的办学理念，确立“依法治校，质量立校，名师强校，科研兴校，特色名校”的办学思想，建立了以国家和地方课程为根本，以科普、足球、书法、创客教育等校本课程为特色，以第二课堂活动为平台，以兴趣小组和社团活动为载体，以提高综合素质为目标的“三开”（即开心、开智、开力）课程体系，为学生全面发展和个性发展提供广阔的舞台。学校注重学生日常行为习惯的养成，规范行为举止，培育良好品格，育人成效突出，办学业绩不断攀升。

学校先后荣获全国中小学科研兴校示范基地、全国德育科研先进单位、全国青少年校园足球特色学校、中国民航科普基金会航空科普教育基地、全国国防教育特色学校、全国规范化家长学校实践基地、广东省义务教育标准化学校、广东省现代教育技术实验单位、广东省健康促进示范单位、广东省安全文明校园、广东省基础教育研究实验基地学校、广东省安全教育基地学校、佛山市优质学校、佛山市文明学校、佛山市优秀家长学校、顺德区先进学校、顺德区初中教学质量进步奖学校等称号。

美丽舒适的育人环境，清新淡雅的文化内涵，先进的办学理念，成为广大师生品味成功、拥抱快乐的神圣殿堂。

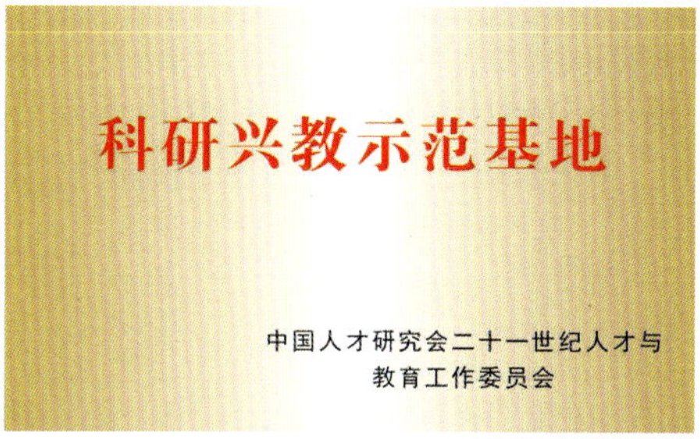
科研兴教示范基地
中国人才研究会二十一世纪人才与
教育工作委员会

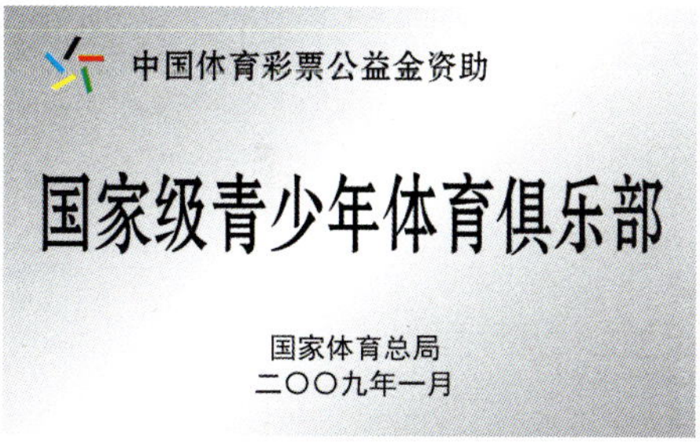
中国体育彩票公益金资助
国家级青少年体育俱乐部
国家体育总局
二○○九年一月

全国青少年校园足球特色学校
校园足球
zhong guo xiao yuan zu qiu
中华人民共和国教育部

国家级教育资源库建设研究项目
National Education Resource Research Project(NERRP)
批准单位：全国教育科学规划领导小组办公室
项目编号：AYA010034
实验校
NERRP项目领导小组
清华同方教育技术研究院

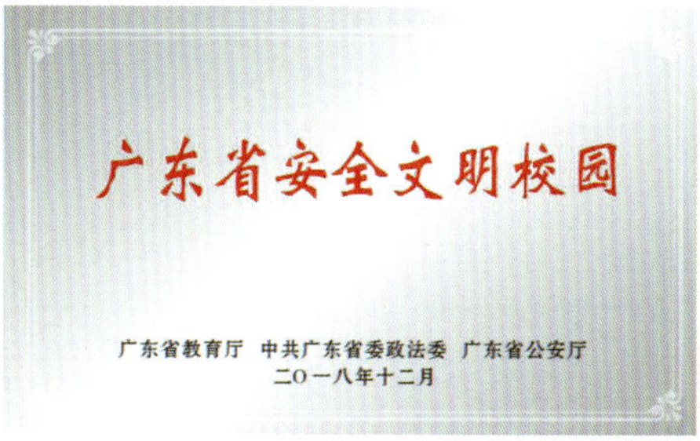
广东省安全文明校园
广东省教育厅 中共广东省委政法委 广东省公安厅
二○一八年十二月

广东省一级学校
广东省教育厅

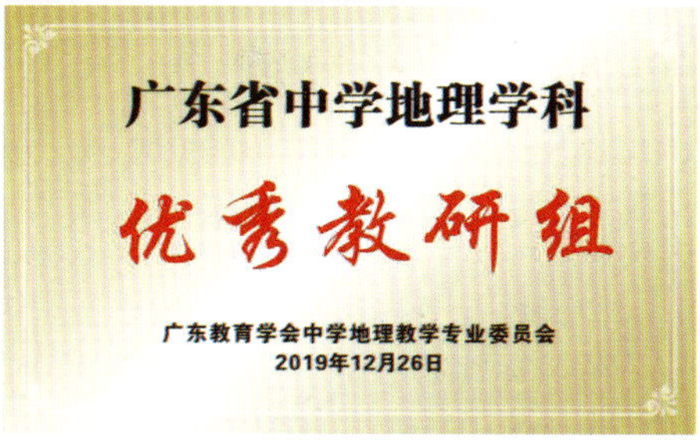
广东省中学地理学科
优秀教研组
广东教育学会中学地理教学专业委员会
2019年12月26日

intel Education
英特尔®未来教育项目
推广示范学校
广东省英特尔®未来教育项目办
二零零八年九月

现代教育技术实验学校
广东省教育厅

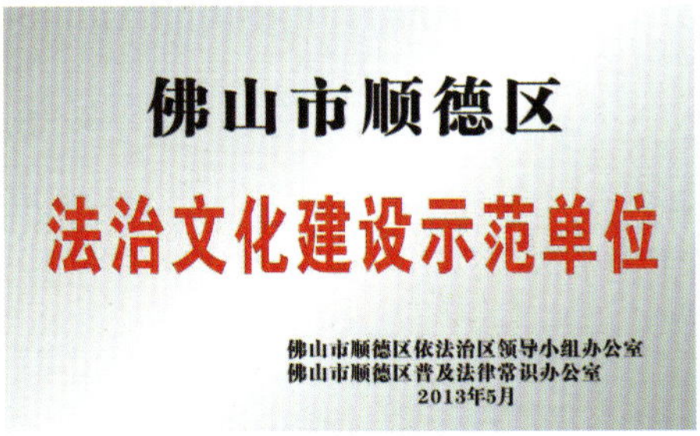
佛山市顺德区
法治文化建设示范单位
佛山市顺德区依法治区领导小组办公室
佛山市顺德区普及法律常识办公室
2013年5月

ZHB
顺德区绿色学校
中共佛山市顺德区委宣传部
佛山市顺德区教育局
佛山市顺德区环境保护局
二00五年十二月

顺德青少年航空科普教育基地
中国民航科普基金会
2007年4月

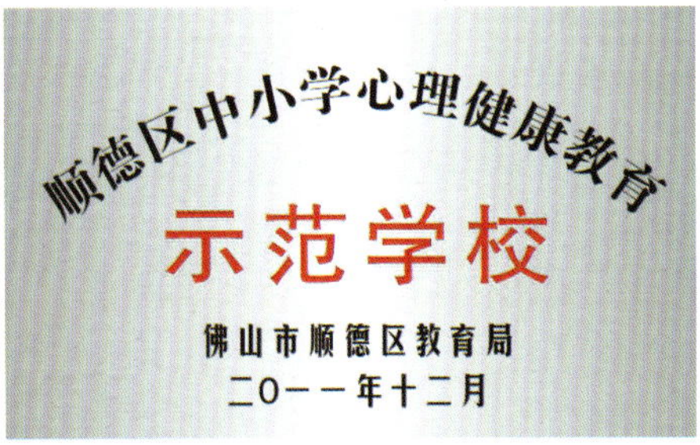
顺德区中小学心理健康教育
示范学校
佛山市顺德区教育局
二〇一一年十二月

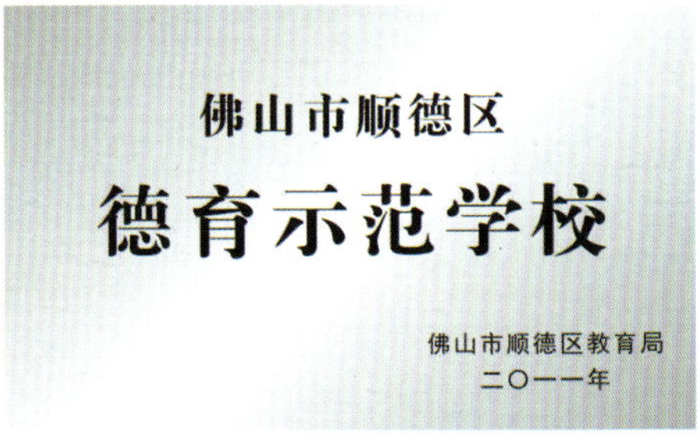
佛山市顺德区
德育示范学校
佛山市顺德区教育局
二〇一一年

第1章

梁开中学“三开”特色课程

学校以校本课程为依托，以特色课程为龙头，以第二课堂为平台，以兴趣活动为载体，以培养能力为目标，培养学生的兴趣和特长。学校开设了科普教育（增设无人机课程）、创客教育、书法教育、足球教育四大特色课程，有专任教师担纲，有课程发展规划，有自主开发的校本教材，课程教学成果显著。同时，学校还开设了舞蹈、机器人、电脑制作、动漫、各科综合探究课程等 30 多项校本课程，构建了梁开中学“三开”课程体系，满足不同个性、不同潜质学生的成长需求，使每个学生的兴趣、爱好和特长都能得到发展，为学生素质的全面提高和个性的发展提供了广阔的舞台，形成了国家、地方课程与校本课程同步发展的课程体系。

梁开中学“三开”课程体系

1. 公民教育
2. 班、团、队课
3. 理科周
4. 读书节
1. 常见蔬菜种植实践探究
2. 乡土风情探究
1. “互联网+高效学习”探究
2. 数字化资源的开发与运用研究
3. 基于合作的自主管理探究
1. 生活中的化学
2. 生物与健康
3. 佛山风土人情
1. 田径、足球、篮球
2. 体育与健康
1. 物理与生活
2. 生物与健康
3. 生活中的化学
4. 影视中的历史
5. 理科周
6. 学科精英大赛
语文类（语、英）
数学类、人文类（政、史）
科学类（生、地、物、化）
【开智】
体健类【开力】
艺术类（英、美）【开心】
专题教育类
生态教育类
体育技能类
学科拓展类
小课题探究
实践活动类
学科研究学习
基础型课程
综合实践类
学科知识类
探究型课程（校本课程）
拓展型课程（校本课程）
艺术类
科技类
1. 文学阅读与欣赏
2. 阅读与写作
经典英文影视欣赏
3. “互联网+数字速练三维”导学案
开心
开智
开力
1. 动漫
2. 程序设计
3. 科技
1. 才艺与梦想
2. 基础训练与创作
3. 书法——硬笔书法

走进科学　提升素养

——科普教育

获奖师生与北京电教馆潘克明馆长合影

参加全国机器人比赛获季军

为贯彻落实基础教育加强对中小学生进行创新思维培养的目标，促进学生全面发展，我校结合当前教育发展趋势，充分利用校内外资源，以校本课程的形式开展科技教育、动漫教育等，有专任教师担纲，有课程实施规划，有自主开发的教学内容，并纳入七年级学生的必修课。为了进一步提升科普教育的质量，打造科普教育特色，我校教师自主开发、自主编写了科普校本课程教材《开心飞翔》，并在课堂上使用，该科普校本课程教材被顺德区评为优秀校本教材。

科普课程培养了学生的哇靠动手能力、科学素养和创新精神，课程教学成果显著，受到了学生和家长的好评。近几年来，学校电脑作品（动漫、电脑绘画、网站）、机器人比赛、科普“三模”等项目多次获得省级、国家级和国际大奖。

获奖师生与北京电教馆潘克明馆长合影

现在，学校是中国民航科普基金会航空科普教育基地，佛山市青少年车辆模型、航空模型、航海模型培训基地，大良青少年科普教育基地。科普教育不仅是学校的特色课程，更是学校办学的一张名片。

参赛师生合影

合作创新　分享成长

——创客教育

创客活动中心

我校代表队斩获 2018 InfoMatrix 国际中学生资讯科技大赛金奖和铜奖

为充分利用当前创客教育的良好势头，进一步推进学校的创客教育，学校从 2017 年起开设了着重培养学生创新思维与实践能力的创客课程，并建立了能容纳 80 多位学生的高标准创客活动中心。学校针对初中生学习特点和阶段性学习任务，把创客课程与物理、数学、化学、生物等学科结合，体现跨学科知识应用，激发学生学科兴趣，逐步培养学生们对科学的兴趣、动手能力及创新思维。该课程有专任教师担纲，有课程发展规划，自主开发、编写了校本教材《动漫设计和制作》，并纳入七、八年级学生的必修课。经过近一学年的实践，同学们兴趣浓厚，思维得到了开拓，跨学科解决问题能力得到了提高。

获得 2019 InfoMatrix 国际中学生资讯科技大赛金奖和银奖的师生

创客课程基于学生发展核心素养和中小学课程大纲进行设计，并将核心素养分为学科能力和学科素养两类，按照不同的要求和层级在课程中进行体现，让学生在学习 STEM（SCIENCE、TECHNOLOGY、ENGINEERING、MATHEMATICS）课程的同时将课堂中的知识灵活应用。

该课程基于最前沿的 STEM 思路设计，是因为 STEM 是学生成长后必将会接触到的领域，以 STEM 活动为载体，融合科学、技术、工程、艺术、人文、数学等学科的跨学科实践活动，将创客文化与教育有机融合，改变传统教育，以学生的兴趣爱好为向导，通过项目学习

学校举行隆重仪式欢迎国际赛场获奖师生载誉归来

和多元化工具的应用，培养学生跨学科解决问题学生能力、沟通交流能力、团队协作能力和创新能力，为学生成长为具有创新意识和创新思维的创新型人才打下良好的基础。

举行隆重仪式欢迎国际赛场获奖师生载誉归来

创客教育取得了辉煌的成绩。如 2018 年我校学生潘力宏、崔忆玲创作的动画《二“伪”码》，郑俊贤、黎芷琳创作的程序《飞机大战》，代表中国参加在罗马尼亚首都布加勒斯特举办的“2018 年第十六届国际中学生资讯科技大赛（INFOMATRIX）”，分别获得国际金奖和铜奖。学生参加国家级的网页设计、电脑动画、计算机程序设计、3D 创意设计、英语数码故事创作、微博英语创作、智能机器人比赛、FLL 机器人工

接受国内媒体采访

程挑战赛、全国模拟遥控飞行锦标赛等获得佳绩，其中 11 人获得全国一等奖，19 人获得全国二等奖，17 人获得全国三等奖，7 人获得省级一等奖，12 人获得省级二等奖，20 人获得省级三等奖。2019 年 4 月，我校继续派出两支队伍代表中国赴罗马尼亚布加勒斯特参加“2019 年国际中学生信息及通讯科技大赛（INFOMATRIX）”，其中胡泓鑫和邓一凡两位同学开发的富有创意的程序设计项目《奔跑吧少年》获得一枚金牌，皮特和黄君悦同学制作的电脑动画《Amazing Car Racing》再夺一枚银牌，开中学子再次为顺德乃至中国赢得了国际殊荣。2019 年 5 月，第二十一届“飞向北京——飞向太空”全国青少年航空航天模型（佛山赛区）竞赛暨第二十九届佛山市青少年航空航天模型比赛在乐从东平小学举行，我校航模代表队取得了 3 个一等奖、2 个三等奖的佳绩。

获得世界大奖后接收外国记者采访

翰墨飘香　浸润心灵

——书法教育

书法第二课堂

书法现场展示

中国书法源远流长，博大精深，经过几千年的衍变、发展、积淀，形成了自己独特的艺术形式。我校以提高学生的书写能力，创建学校特色文化为出发点，将“书法教育”作为校本课程进行开发，有专任教师授课，有课程规划，自主编写教材，落实“三个一”工程，普及书法教育，并纳入初一学生的必修课程。“三个一”工程分别如下：每周一节书法必修课，以硬笔书法教学为主。每天一次书法练习（14: 00

—14: 15），规定学生练习硬笔书法。每学期一次书法考核，对全校学生进行规定内容的书法考核，不及格者由科任老师跟进，对优秀者进行张榜表彰与作品展示，以促进学生书写规范和技能的不断提高。学校为了让有毛笔书法兴趣和一定基础的学生有一个学习、展示的平台，专门开辟了书法室，每周利用星期三、星期四第 8 节课进行辅导学习，提高他们的书写水平和审美素养。

学校通过课堂教学、参加各类比赛、橱窗成果宣传展示等多种方式，提高了学生的写字积极性和技能，培养了学生的审美能力和良好的书写习惯。经过多年的训练和培养，学生的书写水平和能力得到了提高。

书法教育，成绩斐然。黄家铭同学获广东省“少年传承中华传统美德”之“墨香书法展示”比赛硬笔书法一等奖、广东省第五届汉字书写大赛、广东省“树华杯”书法比赛二等奖，黄家铭、胡可键等同学的作品入

书法比赛颁奖现场

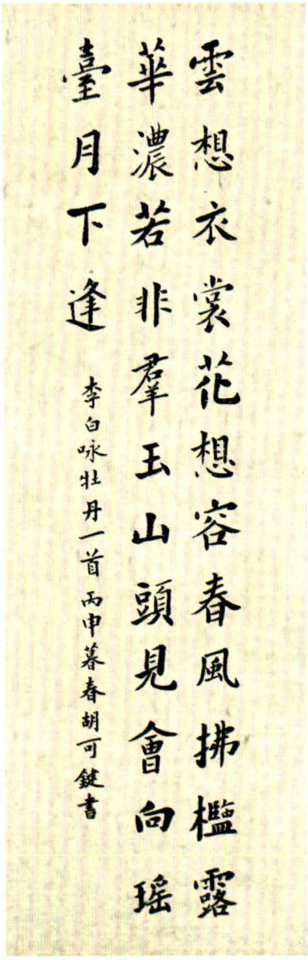

胡可键同学书法作品

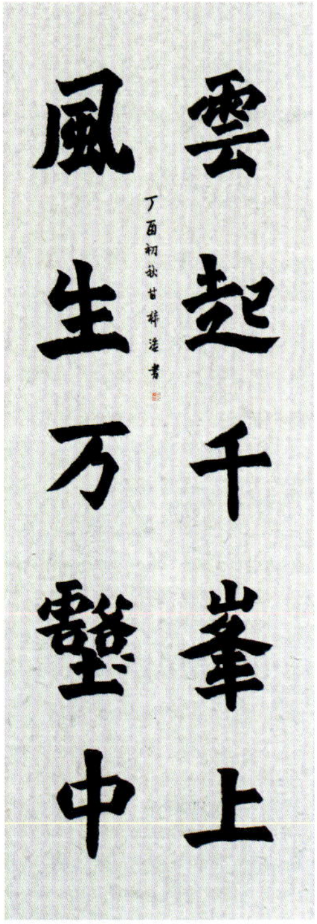

甘梓浩书法作品

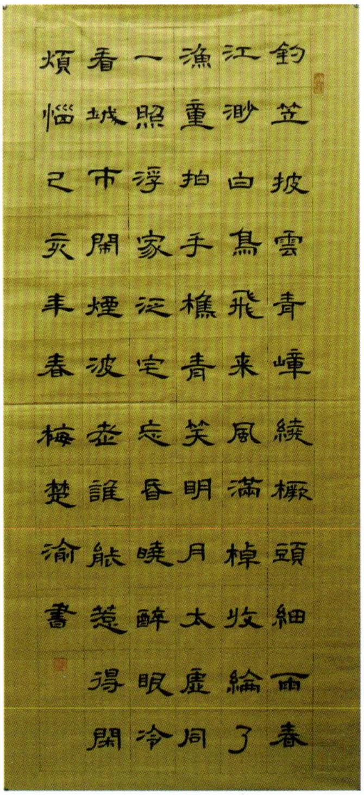

梅楚渝书法作品

选顺德东部片区中小学生书法联展，陈若琪同学的毛笔书法作品获第九届广东省中小学规范汉字书写大赛二等奖，陈佳柔同学硬笔书法作品获第九届广东省中小学规范汉字书写大赛三等奖，陈诺琪同学和甘梓浩同学获得第二届“中华翰墨情”佛港澳台中小学生书法比赛佛山市三等奖，49 人分别获得顺德区毛笔和钢笔书法比赛一、二、三等奖，35 人分别获得大良街道中小学生书法即席挥毫比赛一、二、三等奖。

书法教育能提高人的道德素质、文化素质、心理素质、审美素质。我校通过书法教育促进学生素质的全面提高和特长的发挥，争取让每一个学生的个性得以张扬，走出一条特色教育的办学之路。我们将不断探索书法教育的新途径，为建设“翰墨飘香，至美开中”而不懈努力。

强健体魄　逐梦绿茵

——足球教育

为了满足学生多样化发展的需求，近几年，我校致力于开发足球特色课程，设立足球特色项目领导小组，制定校园足球工作组织实施、招生及教学管理、课余训练和竞赛、运动安全防范、师资培训、检查督导等方面的工作制度，落实体育与健康课程标准及有关规定，组织开展校园足球教学活动；配备足球专项体育教师，定期开展足球教学研讨，尝试体育课堂教学改革，把足球教学内容融入体育课中，探索编排科学的足球操；邀请校外专业教练员指导，不断提升专任教师的教学水平，打造高水平的足球

陈启航、李君恒同学两位同学在集训时的合影

何文同学入选国家 U14 集训队

徐俊杰同学入选 2018 年广东省青少年
校园足球夏令营最佳阵容名单

队伍。几年来，学校为上一级学校输送了大批足球特长生。学校现在是全国校园足球特色学校、佛山市体育传统项目（足球）学校、佛山市青少年校园足球推广学校和顺德区校园足球网点学校。

2016 年以来，学校足球队在各类比赛中取得了骄人成绩。2016 年，学校足球队获得顺德区运动会足球赛男子乙组第一名，学校男子足球一队和二队分别获得广东省广电网络“安全食品杯”U 互动足球赛佛山赛区比赛第一名和第四名。2016 和 2017 年，学校足球队连续两年获得广东省青少年男子足球乙组锦标赛第六名；2017 年，获佛山市第九届运动会青少年竞技体育组男子乙组足球第二名；2017 和 2018 年分别获得佛山市中小学生校园足球锦标赛初中男子组第二、三名；2017 和 2018 年均获得顺德区校园足球赛初中男子组第一名；2018 年获佛山市中小学生足球锦标赛第三名，包揽了顺德区中小学校园足球联赛冠、亚军。2019 年，学校足球队获得了佛山市青少年足球锦标赛亚军；包揽了顺德区校园足球比赛的冠军和亚军；获得“农行杯”大良街道青年男子足球联赛学生组冠军，黄裕杰同学获得“最佳守门员”称号，杨焯华同学获得“最佳射手”称号。另外，何文同学入选国家 U14 集训队，陈启航、李君恒两位同学入选中国国家少年足球队集训，徐俊杰同学入选 2018 年广东省青少年校园足球夏令营最佳阵容名单等。

▼ 德国奥格斯堡足球俱乐部经理一行来校考察

体
展多彩自我

13
50

我运动 守规则 争第一
2019年
第四届顺德区普特融合运动会
暨顺德区启智学校第十三届特奥运动会、启聪部运动会
•主办单位：顺德区教育局 顺德区残疾人联合会
•承办单位：顺德区启智学校
•协办单位：顺德区特殊教育支援服务中心

452
451
454

我运动 守规则 争第一
2020

451
452

435
433

456
451
447

第2章

送教故事

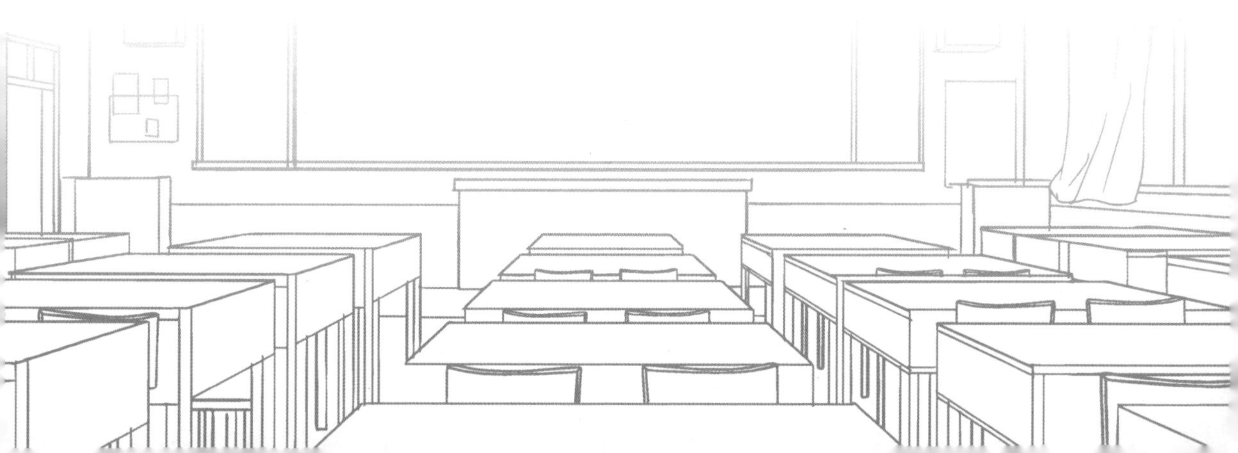

特教，从心开始

——记第一次忙乱的送教经历

陈晓丽

作者简介

陈晓丽，毕业于华南师范大学，曾获华南师范大学、广东省春桃慈善基金会“华师春桃希望教师”，顺德区“教书育人优秀教师”“学科优秀教师”，大良街道“我最喜爱的老师”“教学能手”，梁开中学“我最喜欢的开中老师”等荣誉称号；大良街道数学解题比赛一等奖、说课比赛一等奖、模拟课堂比赛一等奖、班主任能力大赛初中组二等奖、中考试题命题比赛一等奖，梁开中学“青优课”比赛一等奖、模拟课堂赛特等奖等奖项。

教育感言：在教育教学过程中，赏识我的每一个学生，用最虔诚的一颗心来期待每一个学生的成功！

特教的日子，要说多快就有多快，仿佛昨天才开会听取各项要求、注意事项。回想那时，心里着实慌张、迷茫：生怕不能很好地完成工作！现在，一个学期过去了，特教的日子也快告一段落，怎么说呢，同样面对的是学生，但，心情却不尽相同。有那么一种学生，让你束手无策；有那么一种学生，让你忧心忡忡；有那么一种学生，让你感动，让你觉得，当老师，挺好，挺幸福的！

还记得，第一次去送教，我紧张得不行，提前咨询了学校的心理老师送教什么内容才能更好帮到这些孩子，提前咨询去过的同事送教的具体地点。送教当天，我生怕迷路迟到，还特地打车过去。到了目的地后，从一楼一路询问至三楼，终于见到了我要送教的学生。负责的工作人员向他介绍了我，他一点儿也不怯生地对着我笑，然后就拉着我的手往电梯口走去，我一时没反应过来，也笑了起来，顺着他的手向前走去。

紧接着，这个孩子领着我来到了我们上课的小教室，就这样，我们开始了第一个教学内容——《钟面的认识》。尽管前一天晚上我已经尽自己最大的努力去备好这节课，包括辅助的图片打印、一些重要时间点故事的编辑。本想借着这次课，让这个孩子初步认识钟表及认识整时，培养他学数学、用数学的能力，并让他养成合理安排时间的好习惯。但事与愿违，课程才进行了一点点，他就怎么都不肯学了，一直想把资料收起来。我尝试着哄他继续上课，但屡试屡败，估计这与平时他常常学的 10 以内的加法不同，他接受不了，也没兴趣。

看到他心情烦躁，我顺着他的意，从旁边的书架上拿了几本故事书供他挑选，然后进行了我的第二个教学内容——讲故事。我铆足了劲，声情并茂地讲着，还不时地和他进行互动，但似乎这些故事他都没能听懂。不一会儿，他又开始烦躁起来，一直指着故事书的一串号码给我。我知道，他想我拿手机出来，但我的手机里并没有适合他看的视频，所以我拒绝了他。之后，我想进行下一个教学内容，但无论是手指的训练还是画画、写字，他都很抗拒。到这里，我很有挫败感，心里默念着，时间呀时间，快点过去吧，让我快点结束这次送教。

我平复了自己的心情，翻了翻他的其中一本数学书，一边看着他之前做的 10 以内的加减运算，一边表扬他，给他鼓掌以及竖大拇指。就这样，他的注意力终于再次回到我这边。于是，我把书递给他，让他翻给我看。很快，他翻到了书后面的 20 以内的加减运算，这不在我这次原本的备课内容里面，我一时不知如何教起，才能让他从 10 以内的加法运算比较顺利地过渡到20以内的加减运算。但我知道，留给我思考的时间不多，这样的孩子，学习的兴趣点转瞬即逝。于是，我很快从书架上拿了一大盒彩色笔，借着这些彩色笔，我们开始了计划之外的教学内容——20以内的加减运算。每一道题，我读题，我拿笔，他摆笔，我带着他一起读结果。期间，我的笔没拿稳，多次掉在地上，他总是用他不怎么灵活的身子弯腰去帮我捡笔。就这样，在一片欢声笑语中，我们的课程结束了，当我说结束课程时，他还不断拉着我要继续往后做。那时，我是幸福的，我很庆幸自己能帮到他！

特殊教育，从心开始，让每个生命都绽放光彩！

我的送教故事——让我轻轻走近你

陈　露

作者简介

陈露，毕业于华南师范大学心理学专业，文学、理学双学士。国家三级心理咨询师，广东省中小学教师心理健康教育A证，顺德区优秀班主任。目前担任我校特殊教育备课组组长一职。曾获得国家级、省级、市级、区级多项奖项，有市级、区级和校级课题共6项，其中主持课题3项。

由于加入了特殊教育这个大家庭，我接触特殊儿童的机会慢慢地越来越多。一开始，我只是懵懵懂懂的状态，对特殊儿童的了解仅仅停留在大学里学习过的特殊儿童心理学；后来有幸参加了区组织的特殊教育培训，变成了一知半解的状态；直到真正接触特殊的孩子，走进特殊孩子的世界，才真正感受到他们的可爱之处和了解他们的需要。在这么多次与他们的接触中，最使我难以忘怀的是第一次送教到顺德儿童福利院的情景。

当天，我们梁开中学特殊教育小组在上午8点从学校出发。虽然我们已经提前半个月为这次送教做好了分工和筹备，但我仍然难掩内心的紧张和焦虑。毕竟作为普通中学的老师，没有真正教育特殊儿童的经验，不知道自己所教的特殊儿童在言语、行为和心理方面的具体情况如何。虽然上次我们已经来过儿童福利院对送教的孩子进行了初步的了解，大概了解到我负责送教的这名孩子是先天脑瘫，行动能力比较弱，但当时并没能直接接触到这名孩子。这个孩子的具体情况如何，今天还要再深入了解。我担心的还有：她知道我来这里的目的是什么吗？她会愿意和我接触吗？她能听得懂我的指令吗？一连串的问号在我的心里打转。

脑中一直回旋着这一连串的疑问，看着眼前的景色匆匆而过，不一会儿我们便来到了顺德儿童福利院。福利院的主任接待了我们，在前往送教对象所在活动空间的路上，她告诉我们，由于我们是刚开始送教，不适合进行一对一的教学。因为在一个独立的空间里，孩子们从一个熟悉的环境去到一个陌生的环境，并且面对完全陌生的我们，可能会有恐惧感的产生，不利于他们接受我们送教的内容。

因为长期在普通学校里面教学，从来没有真正接触过特殊儿童，所以，虽然对脑瘫儿童有一定的了解，但当我真正到达我们送教对象的活动场所，看到我的送教对象时，我还是被震惊到了。我的送教对象是没有站立能力的，只能靠双手支撑身体，在地面上移动。但转念一想，其实这样的孩子更需要我们的关爱。我尝试着去接近她，发现她会非常热情地向我微笑，我的心也就开始慢慢地淡定下来了。根据现场的护工介绍，小怡（化名）是脑瘫儿，看起来比较害羞，但是平时如果别人侵犯到她的利益，她是会有攻击性的。她能够明白平时护工的指令，但是需要多次反复强调。

听完护工的介绍，我尝试着叫出她的名字，她听到以后，低着头在笑，非常害羞的样子，但是同时手脚在不停地动来动去。这表明她有一定的认知能力，但是对肢体的控制能力比较薄弱。后来，我尝试着与她进一步沟通，想通过与她聊天来拉近距离时，发现她已经不耐烦地爬来爬去，并不受我指令的控制。护工看到后对我说，其实她能听懂指令，只是不愿意服从就假装听不见。果然，护工一声令下，小怡马上停下来，乖乖坐回原处。我明白，小怡这么听话，是因为她与护工之间是比较亲密的关系。如果我没能与她建立起比较良好的关系，以后我的教学就无法正常地开展，小怡学习的效果也会大打折扣。于是，我临时把这次送教的任务改为初步与她建立比较良好的关系。

我知道单纯的聊天对一个孩子来说是很无聊的，特别是对特殊儿童而言。他们需要比较强烈的刺激，这样才能引起他们的注意。所以我尝试着给她播放一些儿歌听，一边播放，一边问她是否喜欢。一开始，她并不怎么感兴趣，手脚不断地乱动，身体也左动右动。难道是她不喜欢听歌？还是不喜欢听这首歌？于是我每隔30秒就换一首歌，当我换到《大西瓜》时，她很快停下肢体动作，脸上露出笑容，眼睛开始有亮光。我知道，终于播放到她喜欢的歌曲了。在播放歌曲的过程中，我拉着她的手，教她跟着音乐节拍拍手。她似乎比较喜欢这种多重刺激的活动，整个过程比较开心。我希望以此建立我们的关系，使她对我产生熟悉感。

很快，一节课结束了，我跟小怡告别后离开了顺德儿童福利院。通过与小怡的初步接触，我对她的情况有了更加深入的了解，回校后可以更具体、更有针对性地为她量身定制一份教学计划和具体的教学设计。这一次的送教经历使我感受到，虽然教育特殊孩子比教育普通孩子要花更多的心思和耐心，但从孩子们纯真的笑脸上收获到的幸福感和成就感是更深刻的。

长风破浪会有时，直挂云帆济沧海

——我们的送教故事

黄一天

作者简介

黄一天，梁开中学美术教师。2004 年毕业于湛江师范学院，2015 年开始接受学校工作安排加入梁开中学特殊教育送教工作小组，多次参加顺德区教育局组织的各类特殊教育教学培训。2016 年开始对归属梁开中学学籍的特殊儿童开展送教上门工作。耐心、细致、坚持，数年如一日地行走在送教路上，在那些智力障碍的特殊儿童心中播下真、善、美的种子，让这些孩子与其他儿童一样，在同一片蓝天下健康幸福地成长。

金秋九月，为贯彻落实“残疾儿童基本普及九年义务教育攻坚计划”，让重度残疾的孩子也能接受义务教育，享受平等的受教育机会，我们梁开中学特殊教育小组来到了顺德儿童福利院，向我们学校对接的十名特殊儿童开展本学期的送教上门工作。这是一群暂时不能适应学校生活的智障孩子。对他们的教育该怎么进行？我们送教的课堂上应该教什么？针对他们的残疾程度，我们该设置一些什么课程？课程是教学的主要内容，教学目标能否实现，主要要看课程设置是否合适。

经过小组研讨，我们认为可以把中重度智力残疾学生的教育训练内容分为生活适应、活动训练和实用语数等几个方面。在日常生活中，走进孩子的房间，让孩子熟悉的东西成为我们的教学内容。比如，小东（化名）在看电视，我们就会教孩子学着说词语“电视”，同时教他开关电视机。在中重度智障儿童的教学中，再简单的教学内容也要反复练习、不断强化才能完成。应该说，对中重度智障儿童而言，每一个学习过程都是一个康复训练的过程。比如，教孩子开口发音就是语言康复；教孩子写字、画画，就是训练他们的精细动作、认知能力……让他们在强化训练中康复。

对于重度智障儿童的教育教学，要采用什么样的方法，要因人、因地制宜，所教育的对象不同，方法也不同。教师只有根据这些学生的心理特点、缺陷情况、教育原则，运用恰当的教育方法，才能有效地完成教育训练目标。

13 岁的小怡，从小患有脑瘫，下肢弯曲，说话非常吃力并且含混不清，缺乏自信，把自己封闭在自己的世界里。她在学习上也非常吃力，用左手写字，基本上不能完成助教老师布置的作业，跟不上其他孩子的学习进度。通过几次送教活动的接触、观察，我们慢慢地发现，其实这个孩子的接受能力不错，对感兴趣的音乐、画画等内容，也能表现出兴奋的情绪。于是，我们就先让她多从事感兴趣的活动，如看画册、听音乐、故事等，让她把心扉打开；然后再有意识地让她跟着画画等，锻炼她注意力的集中性、持久性。同时给予更多关注和指导，及时加以肯定和表扬，鼓励她坚持把每一件事做到底而不半途而废；提高她的认识，让她知道什么事该做，什么事不该做，帮助她逐步学会正确判断和评价自己的行为，养成良好的行为习惯；精心设计一些游戏，融入实用语数等内容，逐渐增强她对学习的兴趣。每次的情境教学中，小怡的表现都异常活跃，手、脑、口、眼齐动。经过一个学期的送教活动，在送教小组、助教老师及她自己的共同努力下，她的进步很大，生活、学习都有了明显的改善。

智障儿童是一本比普通孩子更难读懂的书，他们的每一个举动都是有原因的。我们应该站在他们的角度去为他们思考。每次送教之后，老师们对孩子的异常反应和不解行为都要展开一番研究讨论，如果结论不一致，就通过上网查阅，查找书本资料或请教资深特教老师等多种途径寻求答案后再给予定性，最后找出最佳解决方案，为以后的送教指明方向，提供相应的理论依据。

送教路上充满艰辛，但在那些年龄不一、智力障碍的学生心中、播种真、善、美的种子，是一件令人愉悦、欢欣的事情。为了这些残障孩子的幸福明天，我们将义无反顾。

特殊教育之我见

王　维

作者简介

王维，顺德区舞蹈协会会员，梁开初级中学舞蹈教师，兼任顺德区岚岭老年大学舞蹈教师，所排节目多次荣获顺德区中小学文艺汇演一等奖，曾获“区优秀辅导老师”称号。

光阴似箭，从事特殊教育工作已有好几个年头，接触了很多特殊儿童，从中也有不少的感触和体会：作为一名特殊教育工作者，不仅要认真、细心，还要有恒心、耐心；面对不同的孩子要有不同的教学方法；最重要的一点就是家长的参与、沟通及培训。

不仅要认真、细心，还要有恒心、耐心

特教机构中的很多儿童或多或少都存在一些技能障碍，如生活自理障碍、认知理解障碍及社会交流障碍等，学习能力相对来说也比较差；有些孩子则有自伤等问题行为，面对这种情况，应当先稳定孩子的情绪，再进行课题。

孩子们的每一点进步可能都很微小，但对孩子以后步入社会会产生一定的影响。这就需要每一位特教老师用心观察孩子，孩子偶然的一个动作、一句话就有可能反映出某种能力还具有上升空间。当孩子有了进步，就需要我们引领孩子及时更新认知；同样，当孩子身上出现一些不良行为

的苗头时，我们要及早干预，避免形成不好的习惯，甚至是发展成问题行为。

对不同的孩子要有不同的教学方法

每一个孩子都是与众不同的，因此，对每个孩子的教学方法、教学态度、教学课题也各有不同。有些孩子可能就喜欢被表扬，一被夸奖就会更努力地去完成课题，但有些孩子就需要老师不断的督促。兴趣是最好的学习动力，要重视孩子的兴趣，让孩子为了学习而学习。这些孩子普遍注意力不佳，但往往对自己感兴趣的事物又特别专注，所以要仔细根据孩子的兴趣选择课题、教学方法等。例如，阿宴（化名）小朋友其实是个非常聪明的孩子，我所讲的知识点他完全可以接受，只是他的大脑有时不受自己控制，注意力比较容易分散，这时我就会采取奖励的办法，只要把我布置的作业完成就可以得到相应的奖励，以此帮助他集中注意力，让他慢慢养成相对较好的习惯。

重视家长的参与、沟通以及培训

家长是和孩子相处时间最长的人，对孩子一生影响最大的是家长的陪伴与教育。教师的干预时间毕竟有限，只有家长和教师共同努力，相互配合，孩子才能更快地取得最大的进步。沟通是人们之间坚固的桥梁，很多孩子的信息我们都能够从和家长的沟通中获得，这样就可以多方面地了解孩子，从而能更好地进行教学工作。

虽然从事特殊教育的时间不长，但正是这短短的几年让我真正地了解了这个行业，体会到了教学的快乐和艰辛，收获了专业性的知识和教学的方法、技巧。教学来源于生活，又应用于生活，让孩子体会生活的多姿多彩，更好地适应生活，这对孩子的发展十分重要。也正是在和孩子们相处的点滴时间里，我发现了这些孩子的可爱之处，也更坚定了在特殊教育这条路上走下去的决心。

特殊教育心得体会

钟育新

作者简介

钟育新，男，本科学历，中学信息技术一级教师。

特殊教育不仅仅要使特殊儿童学到科学文化知识，更重要的是要关心他们的情感，使其保持一种良好的心态，拥有信心与克服困难的勇气。爱生之心，师皆有之，关爱学生是教师的天职，没有爱就没有教育。俗话说："爱难看的孩子才是真正的爱。"所谓"难看"的孩子不仅指"差生""调皮生"，还指生理有缺陷的孩子。对于这些特殊的孩子，教师要将"特别的爱给特别的你"。

送教到威权服务中心，我的服务对象是阿联（化名）、阿晏（化名）。

看出了这些儿童的特殊，我找机会和工作人员私下谈了一会儿，对他们的情况进行了简单地了解。这两个孩子从小智力方面就有障碍，被医生诊断为中度智力低下，小时候又得了癫痫，曾经有过病发，至今没有痊愈，一旦情绪激动就有可能会复发。医院诊断除了智力问题之外，还有多动症和情绪障碍。

了解到两个孩子的特殊情况后，我意识到，作为他们的老师，我的责任十分重大。因此，我从一点一滴开始做起，尽自己的最大力量来帮助他们。

我先从他们的病因入手，因为只有了解了原因，才能真正做到“对症下药”。我通过跟他们原来的护理师进行沟通，了解到了他们的各方面情况，包括他们喜欢做什么，他们在这里的表现和精神状态等。对他们的情况进行了了解后，我就针对他们的这些特殊情况制定了一系列的特殊措施，对他们采取特别的教育方法。

同时，面对他们的特殊情况，我调整好自己的心态，积极面对问题，对突发问题要冷静处理。心情不佳时暂不处理问题，避免出言伤害学生，让情势更难控制。要用“第三只眼”去发现他们的优势，加以鼓励。只要发现他们有一点进步，我就赶紧大力表扬。

此外，我对他们做了一些心理疏导。进行心理疏导主要采用支持性心理治疗，耐心倾听他们的诉说，同情他们的痛苦体验，帮助他们控制感到不安全和失败的心情，也帮助他们消除各种不利因素。

在对这两个孩子进行特殊教育的过程中，我也一直在思考和总结。对待这一特殊的学生群体，作为特殊教育老师要有特殊的教育方法，根据学生实际情况制定相应的教育计划，有的放矢地对他们进行个性化教育教学，发展他们的认知领域，使他们能最大限度地在原有基础上得到健康成长。我相信，只要教师为他们提供学习条件、适宜的机会、良好的环境和恰到好处的帮助，采用符合其认知特点的教学方法，配合耐心的个别辅导，特殊儿童也一定能按自己的方式、速度和特点健康成长。

当学生有些特殊时，作为教师就一定要用特殊的爱去温暖他们，去关心他们。只要我们的付出能换来孩子真心的笑容和快乐的成长，那么我付出，我无悔。

遵循规律，循序渐进

李贵庭

作者简介

李贵庭，中学信息技术一级教师，2004年毕业于华南师范大学，2013年攻读华南师范大学现代教育技术在职研究生，获得教育硕士学位。参加工作16年，参与特教送教2年，擅长各项信息技术，工作认真负责。在教育教学方面取得一定的成绩，论文、课件等多次获得国家级奖项，辅导学生参加电脑制作大赛，多人次获得国家级和省级奖项。曾支持和参与多个课题研究，取得良好的效果。

近几年，我校作为顺德区的特教支援学校，本人也收到了一个光荣而艰巨的任务：为康复中心的特殊儿童送教。这是前所未有的，对我这样一个没有一点经验的老师而言，一开始是相当不容易的。但是在这一个学期的送教中，我体会到了教学的快乐和艰辛，收获了专业的知识和教学的方法、技巧。

一、要转换自己的身份

平日里我是一名普通学校的教师；面对特殊学生时，我又是一名特殊教育学校的教师。我利用课余时间学习相关知识，参加学校的特殊教育培训，并将其内化为我自己的教育理念和教育模式。我的政治素养和业务素质提高了，教育观念更新了，明白了对特殊孩子说话的艺术和技巧，并尽力走进了特殊孩子的心里，在短时间内完成了做好特殊教育老师的第一步。我深知对特殊孩子来说，身教重于言教，于是我牢记“学高为师，身正为范”的道理，用自己的言行举止为孩子们做一个好榜样，将枯燥的做人道理转化为外在言行，为他们上好人生第一课。

二、要正视特殊学生

残疾儿童同样是祖国的花朵，在受教育的机会上不应该与正常儿童有先后、多寡、厚薄之别。特殊教育的质量是衡量一个国家与社会发展水平的重要标志之一。目前我国特殊教育一般分为特教班和随班就读两种形式。在对特殊学生的教育教学过程中，我遵循着以下几点做法，最大限度地提高了教育效果。

1. 因人施教。每一个孩子的程度、基础不一样，根据孩子的个性特点，采用不同的教学方法，做到教育与康复相结合。根据学生生理和心理的发展需求，以及在运动、感知、言语、思维和个性等方面的主要缺陷，结合学生个别教育计划的制定，有针对性地进行各种训练、治疗、咨询和辅导。力求使学生的身心缺陷得到一定程度的康复，受损器官和组织的功能得到一定程度的恢复，身体素质和健康水平得到提高。每个特殊学生的身体情况和心理情况是不一样的，要了解他们，跟他们交流，掌握他们的需求，才能够根据实际情况开展对应的教学。

2. 训练与生活相结合。将训练和生活融为一体，就是把孩子在与人交往的各种场合中出现的各种问题，在生活中进行分解，逐一地突破。特殊儿童的智力和运动能力是欠缺的，我们最重要的任务是培养他们的认知能力和基本的动作能力。每次去上特教课之前，我都会准备好适当的教学材料，从特教对象的心理和生理特征出发，精心挑选一些认知图片和数学计算的纸质资料，设置一些学习题目和教学视频等，到现场跟他们一起完成，寓教于乐，并给予他们一定的鼓励和奖励，提高他们的信心和热情，让他们感受到学习的乐趣，能够配合和提高，从而达到教学目的。

3. 循序渐进。做什么事情都不能急于求成，教育也是如此。根据孩子的基础，给孩子制定个性化的教学方案，坚持每天进步一点点，使孩子慢慢地融入家庭和社会。特殊学生的能力和普通孩子有差别，需要对他们有足够的爱心和耐心，根据他们的心理特点，利用一定的心理方法技巧，提高学习的效率和巩固程度。培养他们的信心，训练内容要从易到难，逐步提高，使得他们在不知不觉中掌握了知识和能力，不会有抗拒心理。

这个过程中，有喜悦，有泪水，有懊丧。每一个孩子都是可爱的天使，我愿意陪着孩子们在康复训练的路上一直走下去，尽自己最大的努力帮助孩子取得更大的进步。

一位特教专家说："残疾孩子的残疾不是他们的缺陷，残疾是他们的特质。"讲得多好！我们没有必要消极，没有理由懈怠，既然选择了教育事业，我们就应该在这个岗位上努力工作。认真研究残疾学生的特质，挖掘他们的潜能，做好我们的分内事，尽到我们的责任，做一名有责任感的双重身份教师：对自己负责——做人要有责任感，做任何事都要对得起自己的良心；对学生负责——残疾学生是社会的弱势群体，他们更需要我们的爱，需要我们的教育，我们应该对学生负责，关心学生健康，维护学生权益，不得敷衍塞责，用我们的大爱为他们撑起一片蓝天；对社会负责——从事特殊教育是党和社会赋予我们的责任，我们必须认真对待，勇于担当，做到爱岗敬业，教书育人，为人师表，只有这样才能对得起我们所做的"太阳底下最光辉的事业"，无愧于"人类灵魂的工程师"的光荣称号！

送教心得体会

林文彪

作者简介

林文彪，中学信息技术一级教师，毕业于华南师范大学教育信息技术学院，2012 年获教育硕士学位。从教 16 年来，一直担任梁开中学的信息技术课教学和竞赛辅导工作，两次被学校评为“优秀教师”，一次被评为“大良街道优秀教师”。撰写的论文曾获省级一、二等奖。辅导学生参加编程比赛，获国际金奖一次，国家一等奖一次，省二等奖以上若干次。

2021 年的送教工作比较特殊，每次去都只有一名学生。所以变成了一对一的教学，这使我能够跟学生进行更加深入的接触和交流。

这名学生只有十岁，有智力残疾，还有肢体残疾。他的身体动作很不灵活，说话也非常不清晰。在两次的送教经历中，我有以下几点收获：

一、放低姿态，用心去靠近他

在面对一名残疾儿童的时候，我们往往会抱有一种怜悯的、居高临下的态度，以授课老师的身份去对待他们。然而我觉得，给他们传授知识是次要的，重要的是平等的对话和感情的交流，能给他们的心灵带来更多的愉悦。

因此，在整个送教过程中，我都是以和他成为朋友的心态去对待他。我会暂时忘掉我是一名教师，以一个大龄儿童的身份陪伴在他左右，和他交谈，陪他一起玩游戏。

二、投其所好，适当拔高

每个特殊学生都有自己的兴趣爱好和特殊才能。我不会强制要求他学习我认为有用的知识。而是先与他交流，观察他的兴趣和爱好，并从他的兴趣和爱好入手，发展他各方面的能力。

在和这名学生交流的过程中，我发现他喜欢电动的玩具，凡是用电池驱动的玩具他都玩得很开心。我发现他的手部动作非常不协调，为了锻炼他的手部协调能力，我故意把多余的电池藏起来，每换一种玩具的时候，就要求他把电池从旧的玩具上面拆下来装到新的玩具上面去。通过不断地拆装电池来锻炼他的手部协调能力和手眼结合能力。

他的计算能力估计达到了幼儿园大班学生的水平，居然能够算出两位数的加减法。所以我就用各种方法让他的数学能力更进一步。比如给他出更难一点的计算题，挑战他的极限。甚至还让他尝试用乘法来计算。

他的认字水平也很高，常见的简单的字他都能够认出来，并且能够写出来。所以我给他找了一些字帖，先让他通过临摹来写字，后来让他不看书，直接把字写出来。通过不断的努力，他已经能够自己写出一些简单的字了。

整个学习的过程都是以玩要的方式来进行。我从来不会强迫他去做他不喜欢做的事情，而是在他学习的过程中不断地给他鼓励，让他慢慢、逐步地提高自己各方面的能力。

三、用心倾听，努力交流

由于学生的口齿很不清楚，每说一句话都要花费很大的精力，而且还夹杂着浓重的顺德口音，因此，他说三四句我连蒙带猜可能就理解一句左右。但我没有因为这个困难而放弃与他交流，相反，我鼓励他多和我对话。在和他对话时，他拿出了以前的作品，跟我介绍说："阿晏今年 20 岁了，在工厂做工，每个月能拿到几百元的工资啊！”说这句话的时候，他的眼睛充满了兴奋与期待，声调也变得很高，手舞足蹈的。这使我深深地体会到，他虽然身体残疾了，但渴望自立自强的信念十分强烈。那一刻，我真的很希望他能够实现这个梦想，如果有能力的话，我愿意为他提供更多的帮助。

我了解到他很喜欢电话手表，说想用电话手表跟阿姨通话。我说你没钱买怎么办？他说过年了他有利是收，要我过年后帮他买。于是我们约定了，明年再见。

期待明年，再与你共同进步，加油！

那一双双坚毅的小手

严广堪

作者简介

严广堪，中学综合实践一级教师，持有中小学教师心理健康教育B证。负责科普校本课程执教工作，兼任级长助理，同时负责我校科普校本课程开发与落实、航模第二课堂辅导、校内相关科普公益活动策划、特殊教育等工作。历年指导学生参与各级各类航模竞赛活动，获奖人数达300余人次，并编写有校本课程教材《开心飞翔》一书。

不记得什么时候开始，我作为一名特殊教育工作者参与到送教上门这一非常规的教学任务当中，但在记忆最深处总会不时闪现出阿晏和阿联的笑容，还有他们一直渴望将有趣的教学任务做到最好的小手。这两位皆是十分有趣的小朋友，和他们在一起相处不仅仅是简单的教学互动，更是心灵的淬炼与升华。

阿联手指动作不算灵活，但走路比较稳健，课余时间喜欢听故事，做数学题方面也是很利索的，十以内加法和五以内减法“无往而不利”！每次互动的时候，我一般会先进行数学训练再进行其他教学活动。当阿联同学挥动小手奋力书写完成训练题目后，我都会点评他的习题。当然了，经过多次交流与测试，我发现，安排给他的数学练习得把握好命题难度，必要时让阿联数数手指头，最终让这位喜欢享受进步感的同学感觉自己真的比上一次有进步。

这种比较巧妙的教学互动策略并不是通常意义上纯知识性的高效教学，而是一种情感交流，让阿联能够感受到更为深刻的关爱。

阿晏相比阿联来说，身体灵活性要强一些，但颈部关节动作与书写动作比较生硬且难以控制。令人欣喜的是，阿晏的数学能力和语言表达能力更强。在交流中，我能够感受到他如同正常人的思维特质。通常来说，阿晏完成一篇100以内加减乘除法的数学练习后，便会提出画画练习、玩游戏、观看教学动画、做手工等学习要求。

所以当对两位同学同时进行辅导时，教师基本上在运作两条知识难度差距较大且必须同时执行的教学平行线。作为习惯了大班制标准教学的执教者，应对这种全新的教学模式，还真感到有挑战性。

于是，我不断思考如何让这两位小朋友能够在共同的教学任务或活动当中，通过不同难度的教学活动任务相互配合，合作完成一系列最终能明

显体验成功感的任务。这其中最大的好处是，能力相对较强的阿晏会通过相互配合任务，比较清晰地认识到阿联的重要性，这样他们便会在日常生活当中相处得更加和谐。

通过与中心生活老师的沟通得知，阿晏作为这个特殊学员群体当中的强者，多少有点儿倚强凌弱的思想倾向。作为执教者，在处理这种特殊学生的特殊情况时，必须十分注意分寸，要在不至于伤害阿晏内心优越感的同时，引导他成为这个群体当中具备良好协调领导能力的指挥员，慢慢地让他明白，即便每个伙伴身上都有“若干个部件”不好使，但只要大家好好配合，还是能够成功的。

如有条件，要尽可能让他们知道并不是他们太特殊才需要这样做，可以引导他们观察周围人们的社会分工，让他们理解这种状况下的合作与身边人们的社会分工无异。只不过在具体某个任务当中，更倾向于类似蚂蚁社会或者蜜蜂社会那种极致的基因使命式合作。这或许便是在这种特殊环境下，更为合适、更为深刻的特殊生命教育！至此，便能在最大程度上让能够理解这一点的小朋友理解我们与他们之间居然是如此雷同，以至于他们无法触发任何产生自卑感的思想雷区。

在这样的指导思想下，便有了两人合作制作橡筋动力直升机时挂橡皮筋与绕螺旋桨的精密合作。注意，挂橡皮筋的时候是两双小手合作的，绕橡皮筋时除了相互合作纯熟的两双小手外，还有阿晏这个数学小天才的脑袋在认真计算橡皮筋的圈数，让飞机精确积累动力。

最终，在三人的共同期待之中，橡筋动力直升机居然倔强地撞到了天花板上，如果头顶是一片蓝天，它肯定能飞得更高、更远，就像两位小朋友的梦想一样……

爱心浇灌生命之花

张　虹

作者简介

张虹，女，中共党员，现任团支部书记兼数学科任教师，善于根据学生心理特点进行教学和管理，用心呵护每一位学生，爱岗敬业。教学功底扎实，善于开发学生思维，曾获广东省第五届本科师范技能大赛二等奖，校级说课和模拟授课二等奖，数学学院师范技能大赛一等奖等。

教育感言：教育不是灌输，而是点燃火焰！

苏霍姆林斯基说过："教育——首先是人学。"每一个孩子就像大花园里含苞欲放的花儿，需要我们用心浇灌，帮助孩子们开出拥有自己特色的最美的花。但是，总有那么几朵花，会生长得比较缓慢，他们就是我们的特殊儿童。他们需要我们用更多的爱心和耐心来浇灌，静待这些特殊的生命之花绽放。

2021 年 9 月开始，我到学校附近的福利院送教。残疾儿童由于其本身的特殊性，对教师工作的要求更高，其重要性也不言而喻。第一次面向特殊儿童的小班制教学，我提前了解了 6 个孩子的基本情况，基本都是有一定身体残疾的孩子，大部分智力也有限，只有一个孩子勉强可以进行沟通。根据初步了解的情况，第一次送教前我做了两手准备：1. 准备一些启智动画片给那些手脚都不能活动的孩子；2. 准备一些卡通折纸和简单绘画本。

第一次送教时的场面一度与我的预期背道而驰，学生看了一会儿动画片就开始躁动，也无法认真折纸，唯一能够沟通的孩子一心想玩手机。第一次的送教在狼狈中匆忙收场。我静下心来认真地通过每一个孩子的表现分析他们的性格，思考下一次的送教应该如何调整，制定了新的教学计划：以语音能力训练和良好行为习惯养成为主，肢体训练为辅。我们不同的学科老师对应着不同的教学内容，力求给孩子们带去丰富多彩的课程体验。比如，在语文课上，拿出动物图片、带图画的生字卡片等一遍一遍地去给学生读，带他们认识动物；在数学课上，用简单的教具如小木棒、折纸卡片等教他们数数。同时注重对孩子们的习惯的培养。通过不断的示范和纠正，在一次次的送教后，孩子们学会了简单的数数，能够认识动物。

每一个生命都有它绽放的权利，都值得被尊重。孩子的天性是活泼的、对世界充满好奇的，但由于身体的特殊性，他们无法充分感受到世界的美好，甚至会受到一些异样的眼光，容易出现自闭。命运对残障孩子不公，他们从小就在别人的另类眼光中长大，身心承受着巨大的压力和痛苦。对于特殊儿童的教育，还没有一个合适的教学模式，我们可以分析特殊儿童的需要，用更多的耐心和爱心，实施非常规手段，但在生活适应与人格发展上，则应力求平常心和平常手段。相信在老师们的用心下，每一个特殊的孩子都能绽放不一样的光芒。

我的特教送教故事

张嘉娴

作者简介

张嘉娴，华南师范大学英语教育硕士研究生。热爱英语，注重对学生英语学习兴趣的培养和思维的启发；喜欢摸索信息技术和英语教学的有机结合，使英语课堂更加丰富多彩。自任教以来培养多位学生荣获街道级、区级和市级以上奖励，个人也多次获得各项荣誉。

教育感言： Don’ t be shy, just try! Don’ t tell me, but show me!

在接到为特殊儿童送教任务的时候，我是一脸茫然的，我不明白这些孩子是如何的“特殊”，更不知道自己将会面对什么。直到我走进康复机构，从一楼走到三楼，眼前的景象还是让我有些愕然，更多的是无所适从。

正是吃饭的时候，我看到那些孩子斜瘫在特制的椅子上，一只手不受控制地用勺子扒拉着碗里的食物，一只手摇摇晃晃地尽力扶着碗，有的孩子由大人喂着，嘴角却不时地流出食物，那一刻我定住了……

手足无措的我站在一旁静静地看着他们，突然，有一个小孩子歪着头笑着对我说：“老师，你来上课啦！”他的笑容如此明朗，就像学校里的新生在开学第一天看到新老师的表情，隐隐约约藏着期待。接着，他冲着同伴喊：“吃快点，老师要上课啦！”他加快了吃饭的速度，以至于没有发现自己已经歪瘫着，就要从椅子上摔下来了。我急忙迎上去，扶稳了他的椅子，帮他摆正身体，他对我一笑："谢谢老师！"

我愣了一下，也露出了笑容："慢慢吃，不着急，等会我们再聊，你们先好好吃饭。"看到桌子上撒的汤汁，我拿来了抹布擦；有几个孩子坐歪了，我赶紧给他们扶正；他们够不着的碗，我给他们推近了一些。他们看着我"啊啊"地叫。最先开口的孩子对我说："他们不会说话。"我说："但是他们在笑，应该是在谢谢我吧。能不能告诉我你们的名字啊？"

他嘻嘻地笑了："我叫阿灿（化名），他是阿祥（化名），这个是……"他的口齿并不清，我听得不是很清楚，但是我记住了他的名字。我轻轻地唤他："小灿，你喜欢什么颜色？"

他回答得很干脆："红色。"我又问："你喜欢哪些红色的东西？"

他笑着说："你的裙子。红色的，好看。"

我低头看了看自己的裙子，笑着说："谢谢，你有红色的宝贝吗？"

他指了指旁边的柜子，让我拿出了一箱积木。我打开了箱子，他帮着倒了出来，嘴里不停地说着："红色，红色，这个是消防车，这个是门，那个是椅子，都是红色……"他兴奋的表情吸引了同伴的注意，另外一个孩子看着我手里的积木开始"啊啊"地叫，我问："你喜欢蓝色吗？"他拼命地点了点头，他的手却抬不起来。我把蓝色的积木拿到他的面前，他咧着嘴开心地笑了。很快，孩子们都认领了自己喜欢的颜色。我介绍着不同的颜色和相关的物品，他们听得有滋有味，时不时地"啊啊"地回应着我。他们对新的教具非常感兴趣，我拿着小扳手、小齿轮、小木板给他们造了一个小车车，他们推着轮子看着车车走，别提有多开心了……那心满意足的表情映入我的眼帘，他们的笑容感染了我……

很快，送教的课程到了结束的时间。小灿说："老师，要下课了，我们要回去了，谢谢你给我们上课。"我惊讶于他的礼貌和细心，看着他们被护工抱起放在轮椅上，被推走的时候还回头看着我笑，我也挥手告别。走出机构的那一刻，我如释重负，我不知道自己起初害怕的表情会不会被他们看在眼里，但是他们却用自己开朗的性格温暖了我。

明知自己有残疾，却能坦然面对，努力地和正常孩子一样生活，也渴望着和正常的孩子一样学习，甚至有超乎他们年龄的成熟。这些孩子，为我展示了什么叫作坚强，什么叫作坚韧。

在没有接触到这些孩子之前，我对“特殊教育”的认识仅限于学校里随班就读的孩子。他们有些异于其他孩子的表现，我施与宽容，对他们和他们的家庭更多的是同情。但是在送教之后，我想我又多了几分理解。原来，有些孩子，仅仅要活下来，就已经很艰难了。他们还要努力地生存，他们不应该被抛弃，被遗弃，他们应该被倾注更多的关爱，而不是同情和怜悯。

对比我们学校里正常的孩子，另一种“特殊”的孩子，他们应该亲自前往机构，亲眼看看这些坚强生活的孩子，亲身体验他们的艰辛，才能体会什么叫作幸福，什么叫作珍惜——珍惜自己健康的躯体，珍惜自己健全的大脑，珍惜自己幸福的生活，珍惜自己有家人的陪伴和依靠，珍惜自己所拥有的一切，沉下心来好好学习，而不是惹是生非……希望有这样的“变形记”，让他们也来体验一下……

于我，对生活的理解也许又加深了几分：尽有生，实有幸，不应负。人有欢愉，有失落，也有黑暗，总要借一束光，温暖自己，照亮前方。这一年的送教工作结束了，但小灿的笑容总是在我眼前浮现，也许，他就是那一束光，正如他的名字一样，晴天白云，阳光灿烂，向阳而生。

我与学生一起成长

卓国香

作者简介

卓国香，中共党员，2012 年毕业于华南师范大学。曾获得“教学新秀”“优秀班主任”“优秀特教老师”等荣誉称号。教学教研硕果累累，第 22 届全国教师教学信息化交流活动中课件获二等奖；2018 年“华渔杯”全国教师信息化教育大赛中课件和教学设计分别获一等奖；2015 年“中国移动和教育”论文比赛获广东省三等奖，还有多篇论文获顺德区一等奖。参与省级课题研究《基于学习分析的初中化学信息化教学模式研究》，主持顺德区小课题研究《微课在初中化学实验教学中的应用研究》并顺利结题。

2017 年，我第一次接触特殊教育工作。经过一学期两次送教活动，从接触前的惶恐不安到第一次接触后的怜悯，再到第二次接触后的敬佩，一路走来，学生在成长，我也在成长。

说实话，第一次听说要接触特殊儿童，内心里还是比较害怕的，具体怕什么自己也说不上来。我送教的地方是威权康复中心，送教对象有四位小朋友，他们都是不同程度的脑瘫儿。来之前我已经了解到阿晏和阿联会写简单的中文字，能进行加法计算和涂色。另外两位是重度脑瘫儿，只能躺在轮椅上，而且经常性地流口水到衣服和地上，老师要像照顾婴儿一样不断地给他们擦口水。

一、第一次送教

由于这是我第一次接触特殊儿童，因此送教之前我一直是惶恐不安的。见面之前，我感觉自己做好了心理准备；但真正见到他们的时候，我还是被深深地震撼到了，对这些特殊儿童充满怜悯之情，感慨原来我们能正常、健康地活着已经是非常幸福的事了。

来之前我特意准备了几份10以内加法的计算题。事实证明，阿晏计算能力较强，10以内的加法对他来说太简单了，他一下子就口算完毕；阿联计算能力较弱，要用手指来帮助计算，在规定时间内完成不了任务。深深感觉到自己准备不足，我决定下次要因材施教，给他们出不同难度的计算题，逐步提高他们计算能力。

课间休息时，我跟他们聊天，发现他们很喜欢看动画片和听歌，而且阿晏还会操作电脑和打字。正好我带了手提电脑过来，他用我的电脑搜索有关的动画片，看起来十分熟练。他喜欢看《猪猪侠》，而阿联喜欢看《小猪佩奇》，那就轮流看十五分钟吧。他们还喜欢听歌，阿晏自己搜索了《明天，你好》这首歌，反复听了好多遍，看来他是非常喜欢这首歌的。

二、第二次送教

第二次见面，阿晏和阿联都还记得我，主动和我打招呼，让我感到非常惊讶、非常开心。虽然存在先天不足，但他们像正常的小孩子一样活泼开朗、积极向上，一种敬佩之情油然而生。或许是我的心态问题，总把他们当作特殊儿童，其实我应该改变自己，把他们当作正常小孩子。

总结了上次的经验，这次我因材施教：阿联——15分钟内完成20道10以内的加法计算题；阿晏——15分钟内完成20道50以内的加法计算题。结果阿晏十分钟就完成了。接着我再加大难度，让他计算100以内的加法计算题。经过努力，他依然出色地完成了，真是让我非常惊喜。

之前听说他们喜欢涂色，所以今天课间休息就涂颜色。阿联——15 分钟内完成一份给空白图片涂色（该生不认得字，所以就可以自由选择颜色）；阿晏——15 分钟内完成一份给空白图片涂色（该生认得一些字，我就在图片下面写上要涂的颜色）。

三、结语

在实际送教过程中，突发事件几乎每天都在上演，我从最开始的难以接受，到尝试着克服心理因素、调整心态，再到加强与对方老师的沟通和了解，最后到真正能投入送教工作，可以说经历了一个过程，也让我有了点滴进步。

特殊教育是一项艰巨而长期的事业，对于我来说本身也是一次经历和成长，对于特殊学生来说更是一次爱的关心和眷顾。无论如何，在今后的日子里，我会坚决贯彻学校领导精神，继续加强特教工作的研究、学习和落实，争取取得更大的进步和效果。

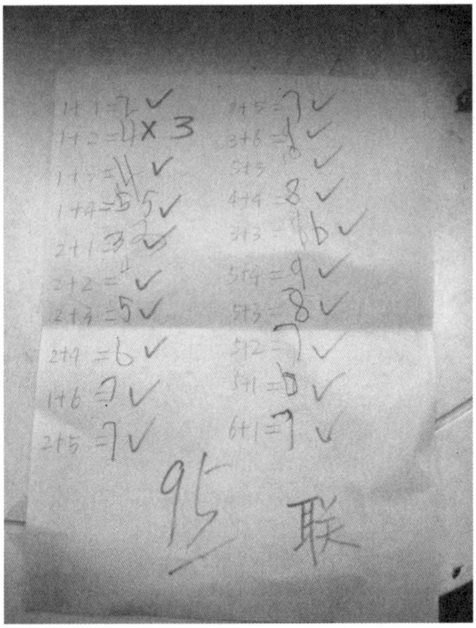

第3章

心育论文

课堂设计与操作两手抓，打造高效心理辅导课堂

——信任主题的心理团体辅导课教学案例与反思

陈　露

教学目标

1. 认知目标：明白增强同学们之间信任的因素。

2. 态度和情感目标：体验同学之间和团体之间的信任。

3. 能力目标：在生活中调整自己的行为，以增强与同学间的信任与友情。

教学重点

1. 体验同学、团体之间的信任。

2. 明白增强同学们之间信任的因素。

教学难点

在生活中，调整自己的行为，以增强同学之间的信任与友情。

教学对象

初一级学生

教学时间

一节课，45 分钟

教学过程

一、热身活动：1，2，3

目的：调整学生状态，同时建立学生的条件反射，应用于课堂纪律管理中。

游戏规则：当教师说“1”的时候，学生拍一次自己的手，然后摸摸头。当教师说“2”的时候，学生拍两次自己的手，然后摸摸膝盖。当教师说“3”的时候，学生拍三次手，然后摸摸脸蛋。

学生按照教师的指令做出不同的动作。

二、广播剧《信任》

目的：引出课程主题——信你，信我，信大家。

导语：同学们都表现得很好！为了表扬同学们，接下来请同学们听一个广播剧。听的过程中，请思考是什么导致了剧中主人公的不愉快？

学生回答。

三、“信任人椅”活动体验

（一）学生示范

目的：通过学生的示范，使其他同学能够更容易掌握活动的要求和要领。

请出示范的学生。

游戏规则：全体队员站立围成一圈，队员与队员之间间隔一个拳头的距离，每个队员将双手放在前一名队员的双肩上，右脚脚尖顶着前面同学的右脚跟。然后齐声问后面的同学：我可以相信你吗？再齐声回答前面的同学：请相信我，我会是你坚实的后盾！每个队员缓缓坐在后面一位队员的大腿上。

（二）小组内练习活动

目的：通过练习，加深对活动的熟悉，促使活动顺利进行。

（三）小组之间进行 PK

目的：通过小组间的 PK，体验小组间的信任感。

规则：六个小组进行比拼，看哪个小组可以坚持住 1 分钟的时间。

（四）男生女生之间进行 PK

目的：通过男女生之间的 PK，体验男生、女生两个群体之内的信任感。

规则：男生、女生分别围成两个圈，进行“信任人椅”活动，比比哪一组可以坚持 1 分钟的时间。

四、讨论：什么因素最能增强同学们之间的信任呢？

目的：活动后，小组内分享交流自己的感悟，认识构成信任的关键因素。

讨论：什么因素会影响同学之间信任的建立。

每个小组的学生把讨论的结果写在卡纸上。

学生代表分享答案。

五、全班挑战“信任人椅”活动

目的：感受全班同学互相信任带来的力量，激发学生信任彼此的主动性与积极性。

游戏规则：请全班同学围成一个大圈，然后前面同学坐在后面同学的大腿上，挑战坚持 1 分钟的时间。

导语：刚才的活动中，让你感触最深的是什么？

学生代表分享感受。

六、教师总结

人与人之间的信任很可贵，而团体之间的信任更加难能可贵。同学们刚才已经体验了从小团体到大团体之间的信任。同学们认为彼此之间的信任可贵吗？团体之间的信任可贵吗？那我们在生活中应该怎么做？（学生一起说出本课的主题）

教学反思

在中学开展心理团体辅导课，是心理健康课的一种形式。这种形式以活动作为载体，以体验为主，学生可以比较深入地参与其中，这无疑是提升中学生心理健康水平的一种良好途径。但是在具体的课堂实践中，教学设计、教学实践结果都引起了我的思考。这两个方面，需要注意哪些问题才能获得更佳的教学效果，让学生真正有所收获，达到心理团体辅导的真正目的？

一、对心理团体辅导课设计的反思

团体辅导课的设计，是上好一节团体辅导课的基础。课程设计的合理与否，直接决定了课程的成功与失败。总结本人几次团体辅导课的经验，综合听课老师们的意见，得到了以下几点关于团体辅导课程设计的思考：

（一）心理团体辅导课的课程设计需要层次感

在团体辅导课的课程设计中，除了要有基本的是什么、为什么、怎么办三个层次之外，在重点环节还需要做到层层推进，带领学生层层深入探索课程主题。因为人类认识事物都是由浅入深的过程，所以在课程的设计上，要符合学生的认知特点，学生才能更好地学习和掌握活动的要求和内涵。通过层层深入的探讨，学生从活动中得到的感悟会更加强烈，更能触动他们的心灵，更好达到教学效果。

（二）设计讨论的问题应该简单易懂，直击要点

在层层深入的活动之后，是学生思考和分享的环节。学生年纪比较

小，认知还不成熟，并且“一千个读者心中有一千个哈姆雷特”，不同的学生对参与的活动就会有不同的体会和感触。这时候需要老师在启发学生思考之前给予学生方向的指示和引导，这样才能有效实现教学目标。

设计问题时还应该把握好“度”的问题：如果问题太容易了，根本没有讨论的必要。全班同学都可以一下子回答出来的问题不能让学生讨论，这是在浪费时间和打消学生的兴趣。如果问题太难、太隐晦，学生不能准确理解老师想问什么，讨论就没办法开展，既不能达到课堂目的，学生收获也不多。因此设计问题时，要充分考虑学生的认知特点，尽量简单、明了地列出学生要考虑的问题，而且问题不能太长。

（三）活动的设计需要有亮点，才能引人入胜

除了完成以上设计外，还应该在活动的最后设计一个有亮点的活动，设计这个活动的目的是为整节团体辅导课创造一个升华的平台，并且更进一步给予学生触动。由此可见，这个活动的选择显得尤其重要，它需要在难度上比前面体验的活动大；当活动完成之后，要给予同学们心灵的震撼；并且再一次向同学们说明，这一活动主题的意义在哪里。这个活动的实现，不仅使课程有了亮点，而且升华了主题，给予整节课一个很有力的收尾，给予学生一种久久回味的感受。

二、对心理团体辅导课操作过程的反思

除课程的设计之外，一节课能否达到教学目标，让学生有效掌握课程的内容，还取决于实际的操作是否能够真正把设计发挥出来，并且能够巧妙处理课堂上的一些突发情况。总结过去教学的情况，形成了几点对操作过程的思考：

（一）把握原生态课堂的学生情况

课堂是灵活的，在实际的操作中，可能出现无数种可能性。在备课的时候，这些可能性不可能全部被预设出来。但是事物都有两面性。多种多样学

生情况的发生，并不是只会影响课堂的教学效果，如果善于利用，还会促使学生对课堂的内容更加有感触，更有体会，使我们的课堂更有现实意义。

记得那一次在初一（15）班上团体辅导课，该班一直给我的印象都是比较活跃而且听话，但是由于上一节课不遵守纪律被体育老师批评，所以全班的心情都非常低落。可想而知，课堂的效果是不理想的。当我很沮丧地准备结束课程时，突然我留意到有一个比较胖的同学一直没有加入活动，于是我走过去耐心地对他说："我发现你在参加活动的时候，一直都没有加入，请问为什么呢？"那个男生很不好意思地说："我太胖了，没人可以接住我的（活动是信任人椅）。"于是我对他进行了鼓励，并且让他自己找出班内比较能信任的伙伴一起完成这个游戏。最后他们成功了，整个班都非常兴奋，同学们都很受鼓舞。趁着课堂的气氛达到顶点，我表扬了参与活动的同学，并且鼓励了全班的同学，以此实现了本节课的升华。

（二）及时点评，引导学生深入主题

学生的想法是各异的，他们的回答也是各种各样的。但是在听了他们多种多样的回答后，必须给予及时的点评和引导，否则课堂的主题就会涣散，中心不突出，学生也可能会忘记本节课需要他们用心体会的主题，导致泛泛而感。慢慢我总结到，教师可以在学生讨论的时候，到各个组中了解他们讨论的情况，并且给予学生鼓励，这样，学生的参与度和积极性会更高。并且通过了解，可以知道同学们的大概答案，在心中先拟好总结词，这样可以给予同学们及时、中肯、有概括性的点评。通过这种形式，让学生更加深入地了解主题内容，并且使课堂的节奏更加紧凑，中心更加明确。

总而言之，在现实的团体辅导课上，教师要尽可能详细、全面地设计好团体辅导课，并及时总结，形成反思和个人的团体辅导课经验。但是从严格意义上来讲，一节团体辅导课由于以活动为主题，课堂中必然存在各种各样的小意外，鉴于此，教师仍然需要不断在实践中进行探索和思考，提高团体辅导课的效果。

《危机干预之朋辈哀伤辅导与关怀》教学案例

林丽斯

活动理念

朋辈心理辅导是指年龄相当者对周围需要心理帮助的同学和朋友给予心理开导、安慰和支持，提供一种类似于心理咨询的帮助。不少心理学理论为朋辈心理辅导提供了理论支撑。如行为理论认为，人们行为发生变化不是因为科学性的事实依据，而是因为最亲近的、最信任的朋辈的主观意见，朋辈的行为变化为其行为变化提供了最有说服力的示范。社会学习理论认为，人们的行为都会受到他人的影响，会去学习和模仿并达到期望的目标。人本主义心理学的创立者罗杰斯（C. R. Rogers）认为，辅导的成功并非依赖辅导者技巧的高低，而是依赖辅导者是否具有某种态度。良好的气氛有助于来访者与朋辈辅导员之间建立信任关系，消除来访者紧张的情绪和隔膜的意识。由于朋辈间具有非常多的相似性，非常容易建立良好的咨询氛围，这成为朋辈心理辅导的显著优势。其虽不及心理辅导的专业性，但却能产生专业心理辅导所不及的效果。

香港学者陈维梁将哀伤定义为：任何人在失去所爱或所依恋的对象（主要指亲人）时所面临的境况。这种境况既是一个状态，也是一个过程，其中包括了悲伤与哀悼的反应。哀伤作为人类面对失落的本能反应，在任何人的人生历程中都不可避免。哀伤辅导的目标是鼓励生者向逝去的人物告别，在辅导者的陪伴与帮助下体认失落的现实感，处理已表达的或潜在的情感，克服失落后再适应过程中的障碍，最终能以健康的方式坦然地重新将情感投注在新的关系中。

哀伤辅导是一种特殊情况下的心理辅导，也是一项专业性强的工作。心理委员（等同朋辈心理辅导员角色）虽不一定能独立完成整个哀伤辅导，但在经过培训后，以同伴身份去陪伴和帮助丧失者体认悲伤的痛苦，能给予丧失者事后关怀，这在学校危机干预工作中有着极大作用。

本课尝试对心理委员进行哀伤辅导培训，希望探索出一个有效的方式，使心理委员在危机事件后，能为同伴提供有效的哀伤辅导和关怀陪伴，同时认识并接纳自身可能出现的情绪问题，化解危机。

活动目标

1.体会哀伤辅导的必要性，了解危机事件发生后人们常见的哀伤反应。

2. 掌握必要的陪伴技巧，帮助同伴宣泄和调整由创伤事件带来的悲伤情绪。

3. 增强珍爱生命的意识，并能有意识地运用积极心态处理生活中的各类事件。

活动重点

认识常见的哀伤反应

活动难点

掌握关怀陪伴技巧

活动形式

绘本教学、小组合作、案例分析、角色扮演

活动对象

八年级各班心理委员

活动时长

2 课时

活动人数

20 人

活动准备

教学 PPT（含绘本图片）、粗头油性笔 4 支、A3 纸 4 张与活动背景音乐

活动过程

一、团体活动热身阶段

（一）热身活动：心有千千结

1. 活动规则：每组 5 人手拉手围成圆圈，记清楚身旁两侧的同学。听到指示后，每位同学必须离开原来的位置并在圈中走动。当辅导教师喊停，全部人停止不动，伸出手，双手交叉，拉住最初的旁边同学的手。大家需要齐心协力，使队伍恢复最初 5 人拉手面朝圆心的状态。

2. 学生交流分享活动的感受。

3. 过渡语：眼看有小组已经顺利完成，不少同学很着急紧张，但仍不断地调整方法，尝试解开手链。我们心理委员在开展工作时也会像今天一样遇到难题，这就需要我们保有耐心，努力寻找解决的方法。热情和耐心是必须的，专业知识也是必不可少的。希望同学们在接下来的活动中能继续加油，面对难题不轻言放弃，努力找出解决方法，在探索中学习专业的心理辅导知识。

（设计意图：打破成员间的隔阂，促使心理委员在游戏中放下思想包袱，迅速进入团队协作的氛围。）

二、团体活动转换阶段

（一）绘本故事分享：《活了百万次的猫》

1. 播放 PPT 绘本图文和音频。

2. 思考：猫在百万次转世中获得了自由与爱，它懂得了给予爱让生命更有意义，为何它在白猫离世后再也没有活过来？

3. 学生分享观点。

4. 过渡语：猫一直沉浸在丧失爱人的哀伤中不能自拔，对生活失去了信心，没有了活着的目标，于是在哀伤中郁郁而终再也没有转世。倘若有人能对它进行哀伤辅导，也许，结局就不一样了……

如果我们的身边也有遭遇重大打击且沉浸在悲伤当中的同学，谁能帮他呢？是的，他可以向家长和老师们求助，但作为他的朋友同伴，作为心理委员，我们也可以发挥作用帮帮他。然而，生活中“好心做坏事”的现象不少见，该怎么做才是科学有效的呢？让我们进入探讨朋辈哀伤辅导与关怀的培训主题，学习有效的助人技巧。

（设计意图：通过卡通绘本的形式让学生接触“死亡”和“哀伤”话题，既能避免营造过分严肃和沉重的课堂氛围，又能使学生体会到哀伤辅导的意义和必要。）

（二）案例分析：同学意外身故以后……

1. 案例详情：得知某同学意外身故的消息，班上有人觉得不可置信，感到他仍然活着，非常思念他；有人四处打听调查真相；不少同学伤心哭泣、不知所措、夜里睡不着、吃饭没有胃口；但也有人表现得很平淡，无动于衷，课间依旧嬉笑打闹。班里的心理委员也心乱如麻，忙着在安慰落泪的同学，同时也忍不住开始责怪表现平淡的同学冷漠。而冷漠的同学则认为心理委员小题大做，逝者已矣，生活总得继续。也有同学认为这种说法是在说风凉话，毫无人性。班级因为各种言论和争执而变得不再和谐。心理委员不仅无法处理这些矛盾，还一度怀疑自己很没用，甚至觉得这一切都是自己的错。于是，心理委员写了一封辞职信……

2. 小组思考讨论：（1）心理委员为什么会写辞职信？请你帮忙分析一

下他的内心感受。（2）请合力找出上述案例中所有人物出现的行为和情绪反应，你认为哪些反应是正常的，理由是什么？

3. 学生代表上台展示讨论结果并分享观点。

4. 知识小结：（结合学生发言，介绍“哀伤反应五阶段”以及灾难对人产生的影响。）

情绪学专家伊丽莎白·库伯勒·罗斯（Elizabeth Kubler-Ross）将“哀伤”分为五个阶段：震惊否认——愤怒——讨价还价——沮丧——接受事实。首先是否认，因为损失无法想象，我们无法想象惨剧真的发生。随后是对人感到愤怒，恨生还的人，恨自己无能为力。接着是讨价还价，我们恳求、祈祷，希望换取哪怕多一天的时间。当讨价还价失败，愤怒难以控制，我们陷入消沉、绝望。直到最后不得不承认既成事实，于是放手，接受事实。

灾难对一个人产生的影响大致可以分为四个方面：（1）生理：失眠、噩梦、易醒、易疲倦、呼吸困难、窒息感、发抖、易出汗、消化不良、口干等；（2）认知：否认、自责、罪恶感、自怜、不幸感、无能为力感、敌意、不信任他人等；（3）情绪：悲观、愤怒、紧张、失落、害怕、焦虑、沮丧等；（4）行为：注意力不集中、逃避、骂人、打架、独处、想起受灾情形、依赖他人等。

5. 过渡语：案例中所呈现出的行为和情绪反应都是正常的，这些都是非正常状况下的正常反应。由于我们的性格、生活经历和表达方式不同，导致我们每位同学会产生不同的情绪反应。心理委员的委屈、自责、茫然是可以理解的，他的请辞不是懦弱无能，而是一种求助信号。因此我们需要科学认识哀伤，只有了解了哀伤反应，我们才会接纳不同人的各种反应，采取适当的方式来应对悲伤。哀伤辅导是一项专业性强的工作，一般由心理专业人士开展。虽然我们心理委员不一定能做最专业的哀伤辅导，但作为同伴，你们给予的陪伴有可能是最好的治疗。我们一起来探讨怎样做到有效的陪伴。

（设计意图：创设情境，选取贴合学生思想和心理发展特点的危机事例，呈现不同人的不同情绪和行为反应，通过任务驱动促使学生思考、探讨什么是正常的哀伤反应，只有了解哀伤反应的表现和规律，才能做到“见怪不怪”，使心理委员在开展朋辈辅导时能理性对待不同的情绪。案例着重呈现生者的情绪和行为，不谈逝者的事故细节，是为了避免创设出具有和现场同学高度相似经历的可能。辅导教师也需要关注学生的情绪反应，如发现情绪波动大、不能自控的学生，应及时安抚，视情况建议其作旁观学习；必要时可建议离场，日后再作跟踪辅导。）

三、团体活动工作阶段

（一）小组合作：有效陪伴知多少

1. 小组合作思考讨论：“陪伴”可以做（说）的和不能做（说）的。将讨论结果用油性笔记录到彩纸上。

2. 小组代表上台张贴讨论成果并述说，不重复前面的观点。

3. 教师反馈点拨，PPT 呈现补充要点。如能做（说）的：如果是我，我也会很难过；你的反应是正常的，不用担心；不需要克制自己的情感，哭泣、愤怒和憎恨都可以表达出来；这不是你的过错，没有谁能预料事情的发生；耐心聆听；认可 Ta 做得对的地方……不能做（说）的：你不应该这么想；你还活着已经是幸运了；那些没有把我们打倒的终究会让我们更强大；时间会治愈一切；不听 Ta 的担忧而去给出各种建议指导；只顾谈自己感受而忽略对方；猜测和传播谣言；过多询问有关灾难的细节……

4. 过渡语：同学们的答案让老师非常惊喜，但纸上得来终觉浅，实践才能出真知。我们来演练一下，看看大家的掌握情况。

（二）角色扮演：我应如何帮助 Ta

1. 分组进行情境模拟：一至四组模拟情境一，五至八组模拟情境二。

仍沿用上述案例。情境一：小A每当想起同学意外身故事件就觉得很恐慌，我（作为心理委员）应该如何帮助小A？情境二：小C是身故的同学的好友，每当小C独处时便会哭泣，我（作为心理委员）能怎么帮小C？

2. 小组模拟演示并总结方法要点。

3. 教师点评反馈，小结方法要点，如：给予安全感，使Ta感到有人陪伴，也可以给予柔软的物体怀抱，如抱枕和布娃娃，告知其是因为想起某事恐慌而现实中是安全的；不要劝阻哭泣，而应让其尽情哭泣，可以递上纸巾或帮其拭泪以示关心，耐心倾听；可以建议其寻找专业心理教师的帮助。

4. 过渡语：在演练中我们发现真的很容易“踩雷”，一不小心就说出了“不应该说的话”。其实你的每一个动作、眼神和语气传达出来的感同身受，比说什么都重要。需要注意的是，心理委员也需要关注自身的心理状态，如果你觉得对方的状态超过你的处理能力范围或你觉得心里不舒服，那就应该及时反馈，汇报给心理老师，避免过度卷入。

（设计意图：通过“有效陪伴知多少”让学生思考和相互讨论，澄清观点；每组代表发言后张贴小组讨论成果，更是用一种直观的方式呈现出朋辈辅导可获得接纳的方法，集思广益，为学生进行朋辈辅导提供多种思路；“角色扮演”引导学生运用所学进行实操，选取两种常见危机后情绪反应进行朋辈辅导，在演练中点拨学生关注细节，重在情感的表露和同理心的表达，旨在不断深化，巩固所学。）

四、团体活动结束阶段

（一）冥想

冥想指导语：（播放背景音乐：班得瑞的《One Day In Spring》）

现在，请大家坐好，放松。背部稍稍挺直，放轻松。

坐好后，请轻轻地闭上双眼。

随着这优美的音乐，慢慢地放松。

慢慢地吸气……慢慢地呼气……

吸气……呼气……放轻松……

想象自己慢慢来到一片绿油油的草地上。

感到很放松，很舒服。

感受自己的呼吸。

心灵越来越宁静。

思绪随着清风缓缓地飘荡。

就在刚刚，这个房间的门缓缓地开了，大家走了进来。

就在刚刚，我们共同学习了哀伤辅导，认识了哀伤的不同反应，也懂得了如何做到有效陪伴。案例并非真实，我们的讨论也已经结束，没有人受到伤害，大家都平安无事，且获益匪浅。谢谢我的同伴，也谢谢我自己，认真参与使我学到更多专业的助人技巧。

随着音乐，我们要离开这片草地，带着心灵的收获回到课室中。

我从1数到5，数到5的时候睁开眼睛，完全清醒。数到5的时候睁开眼睛，完全清醒。1——2——3——4——5。

（设计意图：引导语的设计旨在带领学生回忆课堂，整合本次团体活动的收获，总结经验。同时放松心情，脱离案例情境，回归生活，减轻不良影响。）

（二）送祝福

1. 心理委员说出对自己或彼此的期待和祝福。

2. 心理老师送祝福：希望大家在成长的路上，以专业知识为矛，以阳光心态为盾，守护你我的心灵家园。

活动反思

1. 本次团辅活动环节设计完整，逻辑清晰，基本能达成活动目标；活动形式多样，有效促使学生开展讨论，参与到活动当中。

2.绘本环节采用提前录制的音频材料，学生体验比较深刻，发言积极。在这个环节，有学生表现出失去所爱、生无可恋的价值取向，教师不需要大惊小怪，这是由学生的社会阅历不足和对爱情的浪漫解读所致。教师可在后续的活动中加以引导，使学生明白更好地生活也是对逝者的缅怀和爱意的表达。

3. 在“有效陪伴知多少”的环节，学生表现积极，从实际生活中罗列具体的做法和注意事项，理由充分，能感同身受分享自身经历；如果辅导教师只有一人，没有助教，小组数控制在 2 组会更好。另外，当讨论“不能做（说）的”时，有学生谈及不能说“节哀顺变”“要坚强起来”“化悲痛为力量”，这些话语有争议，教师需要指出，不能刻板处理，还要看说的时间、地点、场合、人物关系和心态，同理心的表达很重要。

4. 注意关注参与学生的情绪反应，及时抚慰并作出适当安排。同时需要强调心理委员也需要被照顾，注意避免过度卷入，若自身感到不舒服，应警惕并及时向心理教师求助。

5. 由于心理委员彼此相处时间较少，虽然有破冰环节，但未能消除彼此的陌生感，在刚开始的讨论环节大家稍显拘谨，后续培训需要重视每一次小团队的组队热身。

学生反馈

1. 学生表示本次活动课颠覆了他们固有的认知，第一次了解到哀伤反应的五阶段，使他们对情绪的了解更加立体，也认识到心理辅导工作的专业性。希望能多进行相关培训。

2. 学生对死亡和生命意义话题很感兴趣，教师对绘本的解读也精彩纷呈，期望心理教师能多介绍有关主题的绘本，并希望能开展绘本阅读交流会。这也给心理委员培训工作提供了一个新思路。

《青年教师压力管理团辅》活动设计

林丽斯

活动理念

我国第一部心理健康蓝皮书《中国国民心理健康发展报告（2017-2018）》指出，教师心理健康水平呈逐年下降趋势，普遍有抑郁和焦虑情绪。教师在承担着育人的重大责任的同时，体验着巨大的心理压力。而青年教师社会经验尚浅，面对着身份角色的转变、教育教学以及生活上的压力，容易出现自我怀疑，效能感不高的状况。

团体辅导具有教育性、发展性、预防性和治疗性等功能。成员在团体中能借助彼此的互动而获得自我发展，改善自身的不成熟的偏差态度与行为。通过互诉心声和探讨困难应对策略，提高独立处理问题的能力，降低心理问题的发生率。

笔者希望通过组成同质性的青年教师团体，在团体辅导中运用压力免疫训练来帮助教师提高对压力反应的敏感性，使之能运用各种应对策略去管理压力，减少压力带来的不良影响。

活动目标

1. 帮助教师科学认识压力源和压力反应。

2. 提高教师对压力的觉察能力并学会运用一定的压力管理策略于工作和生活中。

3. 树立自我关爱和心理保健意识，增强抗压能力。

活动重点

觉察自我压力源和压力反应

活动难点

掌握压力管理策略

活动形式

小组合作、同伴辅导

活动对象

教龄五年内的青年教师

活动时长

90 分钟

活动人数

21 人

活动准备

教学 PPT、教师压力管理团体辅导手册 21 份、粗头油性笔 4 支、A3 纸 4 张以及活动背景音乐

活动过程

一、团体活动初始阶段

（一）破冰活动：积极赋能，成员自我介绍

活动规则：全员围成圆圈坐下，从团队带领者开始按顺时针方向依次进行自我介绍。要求以一句带有积极形容词的句子描述自己。

（设计意图：积极赋能，旨在让成员用简单语句进行相相互介绍以消除陌生感，且能为本次团体辅导定下积极的基调。）

（二）分组活动：游戏热身，卸下防御

活动规则：女性成员赋值 1 元，男性成员赋值 5 角，团队带领者喊出

特定总额，成员需要自己找队友组成总额相应的队伍。可以进行三轮，如：5元、7元和4.5元，以确保最后一次成组，且组内有异性成员。

（设计意图：通过游戏热身打破成员间的隔阂，促使成员卸下防御，形成良好团队协作氛围。）

二、团体活动转换阶段

（一）活动“口不对心”

1. 活动规则：

（1）第一轮：做出你所听到数字的相应手势。

（2）第二轮：做出你所听到数字的不同手势，做错的请坐下。

（3）第三轮：做出你所听到数字的下一个数字的相应手势；做对的可以坐下，做错的需要再次挑战。

2. 分享：你在活动当中顺利完成了挑战吗？当大家都作对，只有你做错了需要继续挑战时感觉如何？

（设计意图：创设压力情境使成员感受压力。）

（二）工作压力自测测试

1. 呈现压力动态图。

2. 引导成员自行完成手册中的压力自测测试，后附测试结果。不要求成员作分享，确保其隐私权。

（设计意图：用认知心理学知识解释网传的压力测试动态图，打破坊间谣传的同时引入压力自测测试，旨在使成员觉察自身的压力状态。）

（三）觉察压力

1. 活动规则：（1）在手册的压力圈工作单上，在大小不一的圈圈内写下你的压力；（2）在人型图上标记出当你承受压力时，身体产生不适的部位。

2. 小组讨论分享：（1）你的压力源有哪些？（2）压力很大时，身体感觉如何？（3）除了躯体反应，你的情绪、心理和行为会有什么表现？请把这些表现归类罗列在白纸上。把成员们发生躯体反应的部位全都画到同一张纸上。

3. 每个小组以车轮转的方式轮流观看其他小组的成品。

4. 集体分享：（1）你们小组的作品和别的小组的有何异同？（2）观看他人作品时，给你带来了什么感受？

5. 小结：（结合成员发言，介绍教师压力主要来源以及压力反应。）

（1）教师压力源主要有以下几个方面：

个人因素：认知方式、思维模式、人格特质、价值观等。

职业适应：量大时长、教改压力、人际冲突、学生素质。

群体压力：同事间不良竞争、家长不合理期望等。

组织管理因素：学校大环境，如领导风格、评价管理制度、学术氛围等。

社会环境因素：缺乏足够社会支持，被赋予的神圣责任与社会评价不成正比。

（2）面对压力人们常见的反应类型：

生理反应：心悸、头痛、掌心冰冷或出汗、消化系统问题（胃部不适、腹泻、恶心呕吐）、免疫力降低等。

情绪反应：易怒、急躁、忧虑、紧张、冷漠、焦虑不安、崩溃等。

行为反应：失眠、过度吸烟、酗酒、拖延事情、迟到、缺勤、停止娱乐、嗜吃、厌食、吃镇静药等。

心理反应：注意力难集中，表达能力、记忆力、判断力下降、持续性持有消极态度（对己对人）、优柔寡断。

（设计意图：旨在通过压力圈和人体反应图，使成员们清晰觉察自己的压力来源，认识到当自身面临压力时会出现的反应，提高自身对压力的敏感度。成员能在充分讨论和分享的过程中，认识到压力反应的普遍化，

从而减轻焦虑，也收获到彼此的支持。）

三、团体活动工作阶段

（一）小组合作：我有压力应对策略

1. 活动“最快乐的事”：回忆过去工作或生活中最快乐的经历和时刻，汇报经历，分享快乐的原因。

2. 分享：快乐经历对压力管理有什么影响？

3. 活动“快乐清单”：当你压力大时，做什么会让你感到愉悦？每一位成员尽可能多地列出清单，组长记录好每一位成员的清单，上台展示小组成品并归纳总结小组的压力应对策略。

（二）正念冥想训练

1. 介绍正念冥想：正念具有以下特点：有意识地觉察、专注于当下以及不主观评判。

2. 带领成员进行五分钟的正念冥想体验。

（设计意图：每个人都是自己的解决问题专家。带领者没有简单地告知方法，而是通过探讨分享活动，让成员寻找行之有效的方式方法进行汇总，分享实操性强的压力管理策略。旨在集思广益，把压力应对策略直观地呈现出来，使成员在交流中获得对自己有效的压力应对方法和启示。也让成员体验到一种新式的冥想训练，同时平复思绪，过渡到团体结束环节。）

四、团体活动结束阶段

送祝福

1. 成员说出对自己或彼此的期待和祝福。

2. 团队带领者送祝福：祝愿我们心中满布阳光，学会与压力同行，与压力和解，善待自己！

（设计意图：旨在处理成员分离情绪，回顾团体历程，总结经验。）

聚焦正向未来，调节考试焦虑

——短期焦点疗法在初中考前心理辅导中的应用经验

陈　露

在期中、期末或者中考等大考之前，学生或多或少会产生紧张、焦虑的情绪。如果紧张和焦虑的情绪超过一定的程度，学生没能及时调整好情绪，就会形成考试焦虑，产生对食物无胃口、失眠、心情烦躁等身心问题，进而会影响到学生在考试中的发挥。但是由于在考试前，学生的情绪体验一般比较强烈，而且距离考试时间比较近，所以心理辅导老师无法针对学生开展长时间、多次的心理辅导，如何在短时间内更好、更有效地帮助学生，实在是一个难题。

在一次心理培训中，华南师范大学心理学院的王玲教授分享了自己当年在某中学进行考前心理辅导的方法——短期焦点疗法，一共只花了15分钟的时间，就帮助学生解决了心理的困扰。从王教授的成功经验中，我获益匪浅，决定尝试在初中生的考前辅导中使用短期焦点疗法。通过查阅资料，我对短期焦点疗法有了更加深入的了解：短期焦点疗法是以短期为导向，以解决问题与强调优势为焦点，不纠结于问题的本身和形成原因，遵循人本主义精神，着重现在和未来的时间点的一种心理疗法[1]。这是心理辅导中一种“短平快”的心理辅导方法，经过很多中学一线心理老师和心理咨询师亲身实践，证明切实可行。

在心理辅导中，首先要初步判断学生的心理困扰是否是由器质性病变引起的，排除精神类疾病、神经症和严重心理问题；再根据学生的阐述，把学生的问题归类，采用短期焦点治疗方法帮助学生解决心理困扰。

需要说明，无论是何种方法的心理辅导，在正式辅导前，都需要向学生说明保密原则和保密例外。以防在后续的心理辅导中，学生提到一些自我伤害或者伤害他人的想法时，心理老师陷入两难的境地。如果选择了运用短期焦点疗法，可分以下几步开展：

第一步是正向开场和让学生简述问题。通过简单的社交开场，可以让学生感到安心，并且可以拉近与学生的距离。再通过让学生阐述求助的原因，以此帮助学生澄清问题，确定本次心理辅导的目的。

对话节选：

老师：同学，你好！在我们正式开始交谈之前，老师需要告知你，如果在谈话的过程中，涉及一些自我伤害或者伤害他人的想法，老师是不能保密的，除此之外的内容，老师都会保密。请问我说清楚了吗？

小A：嗯嗯，清楚了。

老师：好的。那你今天主动来找老师，是想老师怎么帮助你呢？

小A：老师，很快我就要参加全区的中考模拟考试，我感到压力很大。

老师：你是因为害怕自己考不好，所以压力很大吗？**（通过具体化这一心理辅导技术，进一步帮助学生确定问题所在。）**

小A：是的。

老师：老师也有过在考试前因为担心自己考不好所以感到压力很大的经历，有很多同学和你一样会在考前感受到压力，这是很正常的。**（通过心理辅导老师自我开放这一心理辅导技术，拉近与学生的距离。并且正常化该生遇到的问题，减轻学生的心理负担。）**

小A：真的很多人都会这样吗？

老师：是的。你想通过这次心理辅导，达到什么目标呢？

小A沉默。

老师：你之前说，自己是因为害怕考得不理想，所以感到了考试压力，对吗？**（通过重复来访学生语言这一技术，帮助学生澄清问题，确定方向。）**

小A：对的。

老师：那针对这个问题，你想通过心理辅导达到什么效果呢？

（初中生很多时候对自己的问题没有非常清晰的认识，而且在寻求老师进行辅导之前，也没有清晰的目标，所以要给予他们足够的时间和引导，通过重复等心理辅导技术，让他们慢慢厘清自己的问题所在，从而明白自己想通过心理辅导达到的正向目标。）

小A：我想考试之前不再感到那么大的压力，能够比较从容地面对。

第二步是构建良好的目标和探讨例外。短期焦点疗法的观点中提到，每个人都有力量、机会及经验去改变自己[2]。所以在探讨例外的过程中，要注意引导学生探索过去的成功经验，让学生明白，自己是有能力解决目前遇到的难题的。如果过去没有成功的经验，可以采用“奇迹发生”的方法，就是架构一个正向的结果，让学生思考并寻找出现例外的原因，以此作为解决心理困扰的方法。在这个过程中，教师要引导学生探索出具体可操作的方法，方便学生在心理辅导后可以马上使用，让学生产生一种“我可以改变”的心理正向力量。

对话节选：

老师：请你回想一下，在过去这么多次的考试中，是每一次都感到压力很大吗？**（帮助学生澄清概念，当学生提到“每一次”的时候，很可能有以偏概全的不合理认知。并且也是在帮助学生架构例外，寻找过去成功的经验。）**

小A：嗯嗯，每一次。

老师：那有没有在哪一次、哪一科的模拟考试中，你感到压力没那么大？

小A：嗯……好像没有。

老师：那在初一、初二呢？有没有哪一次、哪一科的考试中，你感到压力没那么大？

小A沉默。

心理辅导老师积极关注。

小A：好像找不到，每次考试我都会觉得很紧张。

老师：嗯嗯，那我们来想象一下，如果在接下来的一次考试中，你突然感到压力小了很多，你觉得是在考试前或者考试中发生了什么事呢？（在无法寻找到过去成功经验的情况下，可以采用“奇迹发生”的方法，架构例外的正向结果。）

小A：突然感到压力小了？

老师：对的，你觉得可能在考前或者考中发生了什么呢？

小A沉默思考。

老师耐心等待，面带微笑，积极关注。

（架构例外的过程中，学生往往可能出现沉默的情况，不要害怕学生此时的沉默，因为它很可能是积极的沉默。对身心尚未完全发展成熟的初中生而言，在架构例外的过程中，他们需要积极调动自己身边的经验或者是找到自身的过往经验，所以需要被给予足够的时间思考，心理辅导老师在此期间保持积极关注即可。）

小A：可能我在考前复习得特别好，这次考试的内容我很多都会做。

老师：那也就是说，如果你复习得足够到位，能够解决试卷上的问题，压力自然就会变小了，对吗？（利用复述这一心理辅导技术，帮助学生确定这种应对考试焦虑的方法，并且强化学生的认知。）

小A：是的。

老师：那为了使以后的大考压力小一些，你在以后的学习中，打算做什么呢？

小A：我知道了，我应该好好地复习，找出自己薄弱的地方，抓紧时间查漏补缺，不要再把精力放在压力上。

第三步是反馈。这个阶段，辅导老师要把学生提到的成功经验或使压力变小的方法等重要内容复述一遍，这既是一种强化，也让学生感受到自己被认真倾听，感受到老师的尊重。

对话节选：

老师：听到你能自己找到解决心理烦恼的方法，老师很为你开心。希望你在辅导结束后，抓紧时间复习，查漏补缺，从而能够减轻考试的压力。如果在学习上遇到一些瓶颈，可以寻找相应科目的老师，请他们协助你找到自己在该科上的弱势所在，从而把力花在关键点上，就可以事半功倍了。

小A：嗯嗯。

老师：继续加油哦！

第四步：简单道别，结束本次心理辅导。

在面对考试焦虑的学生时，由于学生在过去的学习生活中，经历过许多次大大小小的考试，所以在架构例外的过程中，首先应该引导学生寻找正向的成功经验。因为调动学生的过往成功经验，或多或少可以给予学生力量，让学生感受到面对考试焦虑，自己是有能力和办法解决的。如果像本文中提及的心理辅导案例，没能调动学生过往的成功经验，那么可以通过“奇迹发生”的方法，架构例外的正向结果，让学生通过结果逆推，找到出现正向结果的原因，从而引导学生自己找到解决目前心理困扰的方法。

另外，考试焦虑是考试前才会出现的心理困扰，所以需要教师在短时间内帮助学生解决这个困扰。而短期焦点疗法可以在短时间内帮助学生找到具体的困扰他们的问题，澄清学生想要达到的目标，还为学生提供了达到正向目标的具体可行的方法。经过本人在心理辅导中的实践，发现短期焦点疗法尤其在考前的心理辅导中，其优势更明显，可以更好地帮助考前学生解决心理困惑，给予学生心理正能量。

参考文献：

[1][2] 许维素.焦点解决短期心理治疗的应用[M].北京：世界图书出版公司北京公司 2009.

“我怕会搞砸高考……”

——助力高考心理辅导个案经验

林丽斯

一、来访者的基本情况及主诉问题

（一）基本情况

男，高三学生，寡言，成绩较优秀。

（二）主诉问题

感觉学习压力很大，临近高考，很紧张焦虑，最近好几次做试卷做不完，然后更焦虑。也会想很多事情，上课会分神。自己向心仪的女生表白，女生答应如果考上同一所大学就可以在一起，但女生成绩很好，自己应该考不上那种档次的学校。

二、节选对话

（一）信息收集

咨询师：你什么时候会焦虑？

来访者：最近经常感到焦虑，马上要高考了。

咨询师：能具体跟我说一下在什么情景下会焦虑吗？从什么时候开始觉得自己很焦虑？

来访者：模拟考之后吧，模拟考退步了，考场上没时间答完全部的试题，觉得自己考差了，怕高考也会重蹈覆辙。

（思考：根据来访者的描述，我们不难察觉来访者对自身的学习成绩

有要求，虽然受相思困扰，但并没深陷其中，仍知道现阶段的努力方向。其焦虑情绪有现实、具体的刺激源。）

（二）找例外，重新定义自己的“焦虑”

咨询师：曾经有没有这么一个时刻，你觉得考试比较轻松自如，对自己的能力很有把握？

来访者：（面露喜悦）有，以前有过。上学期我状态不错，基本上考试成绩都挺稳的，班主任对我也挺看重。

咨询师：其实我发现你对自己要求挺高的，有明确的目标，也很上进，懂得在需要的时候寻求老师的帮助，来让自己找回充满拼劲儿的状态。

来访者：（微笑，有一种被理解的表情）老师你过奖了。但为什么现在我还不能在状态内呢？一想到答题时间不够，我还是会焦虑，想到心仪的那个她，会很乱。

（三）探讨旧的应对模式，从中找出例外

咨询师：你以前有觉得焦虑的时候吗？

来访者：当然有，也有过考不好的时候。

咨询师：那当时你如何解决？

来访者：生闷气。会到操场跑跑步，然后再练练题。

咨询师：那现在还有跑步吗？

来访者：很少。怕复习时间不够。

咨询师：让自己一直沉浸在焦虑心烦的情绪中，你的学习状态如何？

来访者：（笑着摇头）好像也没有好到哪里去。老师你觉得运动真的能帮助我放松吗？

咨询师：你刚刚提到以前有试过跑步，跑完步感觉如何？

来访者：嗯，像个疯子般在操场上狂奔，肌肉有点酸爽的感觉（笑）。回宿舍洗个澡，感觉整个人状态就回来了，好像是有点用。不过，以前的卷子也简单，初三的是难了一点，而我也退步了。

咨询师：退步多大幅度？

来访者：退了有年级十名左右吧。

咨询师：所以这又进一步印证了老师的想法，你确实很上进，对自己要求很高啊。

来访者：我就怕高考会一下子考砸了。

咨询师：这三年来，你的大考成绩排名变化大不大，会一下子退步一百名吗？

来访者：这倒不会……老师，你是说，我不会一下子退步很大吗？

咨询师：三年来你的成绩都很平稳，这其实也就说明了你有很扎实的基础，偶尔有些变化很正常，要相信自己的实力。在高考中一飞冲天考上清华北大可能性不大，一下子完全发挥不出水平跌到谷底同样也是极小概率的事件。

来访者：嗯，可能是最近因为很快要高考，高考后我们就不在一个班不在一个教室上课了，才让我怀疑自己的能力吧，怪自己分数追不上去。

（思考：在以往的经验当中，我们都有过“成功”的经验，但是，却在关键时刻被我们忽视。）

（四）放大成功经验，促使改变的发生

咨询师：听你这么说，你也觉得最近的焦躁不安是因为对那位优秀女同学的不舍，而不是自己能力问题？

来访者：对她是不舍，我自己的能力也没她那么强吧。

咨询师：但是我觉得你在高压的状态下，还能这么好地控制自己的情绪，很不简单。而且你领悟力很强，逻辑很清晰，在这样的环境中还能保

持高追求，你也很优秀。高考还没有开始，不要轻言放弃。

来访者：嗯，被你这么一说，我思路清晰了一点，压力是有，但我这三年的积累和学习能力也还是有的……

三、经验

1. 本次助力高考的个案中主要使用了焦点解决短期治疗方法（Solution Focused Brief Therapy,SFBT），其优点在于短期、高效的介入并促使服务对象有所改善。在与学生的咨询辅导过程中，我们的时间很短。而在助力高考的咨询中，面谈时间最多只有 40 分钟，甚至短至 20 分钟，而且面谈次数不多。在这样的情况下，咨询师需要在短时间内发现来访者的资源并促使其改变，而非过多地把时间消耗在追寻过往原因上。

2. 在本案例中，我得到一个小小的经验，我们需要把来访者的情况一般化，不要急于定性其“问题”，而是要相信并促使其有信心及力量去改变现状，解决问题。

3. SFBT 理论架构核心主要运用“情景转换”的方式开展介入。本次辅导主要应用了“例外”的方法，在来访者的负性经验中寻找正向经验，从而打破来访者对自身问题固化的看法。

4. 在本次辅导的最后阶段，把成功归因于来访者，肯定来访者，这在焦点解决短期治疗里面非常重要，它传达给来访者的信息是“你是积极的，你能改变现状”，从而让现实中的来访者看到自己改变的可能，获得信心。

当“优生”变成“废人”

——中度抑郁症学生心理辅导案例

林丽斯

一、背景

小杜（化名），男生，16 岁，我校初三住宿学生，在初三秋季心理普查中，其心理健康诊断测验（MHT）结果呈现异常。作为心理教师，为进一步了解和排查特殊情况，我以信件邀约的形式约谈小杜。在约谈邀请函发出前，我曾向小杜的班主任了解他的情况。班主任表示，这是一个热情、大方、开朗的男生，品学兼优，在班里担任班干部，工作干练、认真、负责，是老师的得力助手。对心理测试结果，班主任感到非常诧异。

二、辅导过程

（一）第一次辅导：搜集信息，建立咨访关系

第一次会谈，我向小杜介绍了辅导室的保密与保密例外原则，消除他的顾虑，使他能在辅导室畅所欲言，尽诉心中苦闷。在谈话中，以小杜倾诉为主，我倾听并给予适时的反馈，肯定和接纳他的情绪。

谈及心理测试，小杜低头说：“做完测试看到结果时，眼泪一下子出来了。我还把测试结果给他们看，跟他们笑说这是什么破玩意儿，一点儿都不准。可是我心里觉得太准了，长久以来藏在心底的东西，掩饰得好好的东西一下子被说破了。”

他并不抗拒心理辅导，并且在这里得到了宣泄机会，这是一个良好的开端。在近一小时的辅导里，小杜描述了他的想法：“我觉得自己好假，没

有人喜欢我，大家都讨厌我。其实我跟他们没什么共同的话题，但为了交朋友，我会假装聊得很开心，但其实一点也不（开心）。我妈妈说世上没有什么真心朋友，都以利益为重，让我不要为了朋友伤心。我不喜欢她这样说，我哭得好伤心，她却说这是在诅咒她，是在哭丧。所有的错都是因为我。我就是一个祸害。”

小杜的问题主要集中在人际交往上，一是与同学间的人际关系，认为自己不受同学们欢迎；二是与家长的亲子关系，得不到家长的理解，难以和家长沟通。且自我效能感底下，认为自己毫无价值，看不起自己。

辅导过程中，小杜情绪一直郁闷低落，不时落泪。小杜的头脑中存在很多绝对化理念，习惯以偏概全，尤其倾向于从消极角度解释生活事件。我发现小杜的问题似乎是普遍存在的，并不指向某件特定事件，即小杜的抑郁情绪并不是应激性的。我们约好下周见面，并安排作业希望小杜思考对同一生活事件的不同解释。

（二）第二次辅导：预判严重心理问题，及时转介

一天晚上，我手机出现了陌生来电。接起电话，对方一直在抽噎，断断续续地哭诉着什么，原来是小杜。基于咨询伦理，我不在辅导室以外与来访者保持联系，但这一晚的紧急来电及情绪溃堤让我意识到必须先确保小杜的安全。简单安抚并确认安全后，我建议小杜下周面询。而小杜则说："我很麻烦的，让你浪费那么多时间。""我现在是被双重抛弃了吗？"他的消极思维再次出现，且伴随低下的自我价值感。

第二次辅导，小杜诉说："我是一个很好的演员，在生活中扮演着好学生、好儿子，我能说会道，我阳光开朗，我每天都逼着自己笑，很努力地灿烂地笑，但我真的一点都不开心。我觉得我很虚伪，很恶心。这种感觉持续了接近一年。"

我让小杜进行抑郁自评测试，希望他能依据最近一个星期的生活体验如实地完成量表。测试结果显示小杜有重度抑郁倾向。我通过自我暴露，解释了青少年成长期可能出现的情绪困扰，希望减轻小杜的心理负担。

忧郁低落情绪体验持续时间超过两个月，且对生活、学习和社会交往造成了一定影响，反应对象有泛化的倾向，我初步判断小杜属于严重心理问题，单纯心理辅导对其作用不大，有必要就医治疗，因此决定向上级汇报该生情况并作转介，并通过班主任约谈家长。

家长对此难以接受，一听到班任介绍“抑郁”和“医院”便慌张。我向家长表明心理教师并无诊断疾病的资质。约谈您，只想告诉您小杜的在校情况，以及他现在面临的问题。小杜长久以来一直对自己评价很低，生活得非常不开心，他没办法自己走出困境，所以要我们一起来帮助他。翌日，家长再次咨询，仍然对就诊表现出迟疑。我提出了一个假设问题：“如果日后小杜出现更严重的情况，您是否会因为今天没有及时带他就诊而内疚？”小杜妈妈细想后决定带他到本地医院的心理门诊就医。在医院，小杜做了不少的身体检查，医生给出的诊断结果是：双相心境障碍。也开了药。往后一个月，小杜并未再到辅导室进行面谈。

（三）第三次辅导：小杜抑郁复发求助，心理教师评估自杀风险

一个月后，小杜在好友的陪伴下，来到心理辅导室。

小杜表现得比以前更加消极：我是个废物，我学习也学不好了，以后什么前途都没有了；上课时我很难集中注意力，根本不知道自己在想什么；我很不开心，我不知道为什么会不开心；没胃口；一直睡得很差，不容易睡着，早上又起得早，更加没精神上课；我的父母那么优秀，为何会有我这么差劲的儿子，我死了，他们应该会好一些吧。而事实上，小杜刚刚经历了一次月考（常规测试）但并未知成绩，小杜父母是一般的上班族，小杜本人一直在班级中名列前茅，任课老师对他的学习能力都有不错的评价。

根据DSM–V中抑郁症诊断标准，我怀疑小杜很可能是抑郁复发，而抑郁症恰恰增加了小杜的自杀风险。鉴于小杜表示“如果我死了，他们应该会好一些”，我对小杜进行了自杀风险评估。很多人误以为，与想自杀的人讨论自杀将诱导其自杀。而事实上，和想自杀的人谈论自杀并不会增加其自杀的风险，反而有助我们及时发现其自杀的企图，对其自杀的危险性进行正确的评估，使病人觉得受到关心、理解和支持，对预防自杀具有重要意义。

师：你是否想过自杀？

生：嗯，有想过。

师：什么时候想过？

生：这两周都有。

师：一般什么情况下你会想到自杀？

生：白天上课时想过，夜里睡不着的时候也会想。

师：你想到过用什么方式结束自己的生命？

生：跳楼。

师：有想过具体怎么去做吗？

生：就幻想过站在楼顶往下跳。

师：那你有没有付诸实践过？

生：想，但是没有。

师：是什么让你最终没有走到这一步呢？

生：因为我妈妈，她说过如果我死了，她也跟着我一起死。

师：若0代表自杀发生，10代表完全不可能发生，你会给现阶段的可能性打几分？

生：5分吧。

师：小杜，自杀不是解决事情的唯一方法。你能否答应我，当你下次想寻求解决方法或帮助时，到辅导室来一趟呢？

生：嗯，可以。老师，我真的是个麻烦。

综合判断：小杜未有具体的自杀计划，不曾出现过自杀行为，但在两周内较频繁地出现过自杀念头，虽然有一定的社会支持资源（例如牵挂妈妈），他却鲜少向妈妈求助，且目前仍难摆脱抑郁心境。因此，我认为小杜的自杀风险属于中高级别。必须遵循保密例外，通知家长和行政领导。

小杜妈妈始终难以相信，情急之下说出了小杜治疗真相：虽然医生诊断后开了药，但小杜爸爸根本不信，加上小杜抗拒服药，所以一次药都没吃过，更未定期复查。我恍然大悟，原来家长的“积极配合”是在消极抵抗。直至我拿出了一封小杜亲手写的求助信，小杜妈妈看着熟悉的字迹书写着“我就是一个累赘，我死了，父母就解脱了”，才不得不接受现实。

我建议小杜妈妈到广州寻找更优质的医疗资源，并向她普及了抑郁症的知识。抑郁症就如同感冒一样，每个人都有机会遇上，有些人心理抵抗力弱一些，会患上心理感冒，但这不是不治之症，只有了解疾病，才能战胜疾病。同时表示，在小杜医治期间，我会一直跟进。

（四）后续辅导：药物治疗为主，心理辅导为辅

小杜到广州市某著名三甲医院就医，被诊断为中度抑郁，无须住院治疗，但每周须复查。我叮嘱小杜妈妈要严格遵医嘱，万万不能再像以前那样擅自更改药量甚至停药，因怕副作用而停药绝对得不偿失。期间，小杜每两周进行一次辅导。

1. 针对小杜的情况，我制定了辅导目标：

（1）短期目标：帮助小杜建立心理支持系统，让他在温暖安全的家庭关系中获得支持和力量，重拾对生活和克服疾病的信心；正确认识抑郁症的表现，觉察自己的情绪变化并接纳自我。

（2）长期目标：帮助小杜改变不合理认知，提高他的自信心，掌握一定的人际交往和与家长沟通的技巧，从而提高社会适应能力，使小杜在成长中不断完善人格。

2. 主要的辅导方法：

临床研究统计表明，情绪低落、兴趣或愉快感缺失是抑郁症最突出、最典型的表现。该病的心理治疗手段主要依靠认知行为干预和家庭治疗。

（1）理性情绪疗法

小杜的情绪低落等症状与他的不合理认知有很大关系。如“同学们都不喜欢我”“我一点用都没有”“考不好我就没有前途，我就废了”“和同学们聊自己原先不感兴趣的话题就是虚伪，就是在讨好他人”……引导小杜逐步认识这些不合理观念对他产生的不良影响，从而产生情感和行为方面的变化。抑郁症患者往往将自己看得一无是处，因此，要引导学生转变观点，帮助他肯定自己的优点；同时患者也会感觉前途漆黑一片或悲观绝望，要引导他学会多角度看问题，认识和理解目前的困境是暂时的，而非持续终生的。

（2）焦点解决疗法

焦点解决短期疗法重在通过当事人的叙事，发现其自我存在的价值和意义，这非常有利于小杜逃离低自我认同状态。采取“一般化”技术，让小杜明白自己仍被正常化对待，从而减少抵抗，敞开心扉配合治疗；以0—10分为量尺的评量询问令小杜明白事情并不是非黑即白，关注到自己每一个细小的进步，哪怕迈进一分都是极具意义和希望的；通过奇迹询问，使“废人感”强烈的小杜能摆脱不恰当的认知，从而产生“我可以，我能够”的想法，逐渐用行动达到目标；通过例外询问，让小杜思考曾经的成功经验，肯定自我价值和能力，停止自我攻击和指责；通过因应询问，激发小杜看到已经发挥的力量，如“你是怎么做到在饱受情绪困扰的情况下还能取得好成绩的”，帮助他肯定自己承受挫折的能力。

（3）家庭治疗

家庭能影响抑郁症的发病和病程。抑郁症状就像正常的情绪波动，每个人都会出现抑郁情绪，所以家属常常不能察觉抑郁是一种疾病。这样，家属会难以忍受患者的症状，并将患者言语和行为中的消极表现归因为性格问题。这会导致患者认为家庭成员不理解他们，不想听他们的抱怨，或不把他的痛苦当一回事。

对小杜及其家人进行辅导，主要是协调家庭成员间的人际关系，通过交流、建立联盟、达到认同等方式，改善小杜与父母的亲子关系。小杜妈妈已经意识到自己的一些绝对化观念的不良影响，同时小杜爸爸也反思了以前的教育方式。他俩一直以儿子为傲，但怕儿子骄傲，所以向来只在心中默默赞许，而很少对小杜进行表扬。通过对抑郁症的较全面的认识，小杜父母也逐渐接纳了小杜的忧郁情绪，更多地做到陪伴和安慰。

三、实施效果

1. 小杜及家人加深了对抑郁症的认识，能做到坚持就诊复查，遵医嘱坚持服药和心理辅导，小杜无食欲和睡眠差的状态得到了显著改善，整个人变得比以前更有活力。

2. 亲子关系有所改善，父母对小杜的管教方式也有所改变，更多地倾听和陪伴，也让小杜能敞开心扉倾吐不快，最重要的是让小杜卸下伪装，表达自己内在真实的情感，在家庭中获得有力的支持。

3. 小杜慢慢变得接纳自己，学会与抑郁症“相处”。因医生建议最好服药三年，所以小杜能接纳抑郁症这个“不速之客”相当重要。他逐渐能接纳自己的情绪情感，虽偶尔仍为之苦恼，但不再逃避和过多纠结。

4. 不再以自我为中心，走出了负面思维惯性，能比较理性地看待人与人之间的关系。

四、突破性成绩

小杜的注意力和精神状态得到了很好的改善，能够集中精神听课，思维也恢复以往的清晰有逻辑，自我感觉学习状态良好。在初三下学期的两次模拟考试中均考取班级第一名的好成绩，且中考顺利考上心仪已久的本地区属高中。

五、经验总结

1. 清晰定位，有所为，有所不为。学校心理教师进行辅导的范围是一般心理问题，因此，心理教师需要明确自己的职责所在及能力所限。当遇到学生产生严重心理问题，能准确判断并及时转介，既是对心理教师的要求，也是心理教师能为学生做的事。切勿因为英雄主义和救世主思想而包揽学生的一切问题。这不仅极有可能给心理教师带来沉重的思想负担，还有可能延误学生的最佳治疗时机。

2. 多方合力，共同维护学生心理健康。学生产生心理问题往往是多种因素共同作用的结果，心理教师会与学生家长取得联系以获得更多信息和家庭支持。而在处理转介严重心理问题时，家长对“医院”“心理精神科”等字眼非常敏感。因缺乏专业知识，家长往往对心理疾病存在偏见。为了让学生能得到更好的治疗，心理教师与家长的沟通必不可少。

心理教师在沟通时应理解家长的抵触情绪，并作好打持久战的心理准备。沟通时要避免使用过多的专业化名词，可多采用生活化事例做解释，注意个人表述用词以免严重化学生情况，造成家长顾虑；但也应将可能导致的结果告知家长，以协助家长做出选择。如果能有学生心理测试档案作辅助，科学的数据解释有时比单纯的语言描述要有力百倍。也可借助学校力量，如连同班主任和行政部门，共同参与到沟通工作中。但须注意勿把学生的心理问题道德化，警惕“意志万能”倾向，以免心育失去专业性。

信息技术在心理活动课中的应用

林丽斯

心理活动课是心理老师根据学生的身心发展特点，通过一系列专门设计的活动或课程，有计划地促进学生有效适应社会和发展健全人格的一种辅导形式。真正实现心理活动课的功能，需要经过我们精心的设计、组织和实施。在实践中，尽管难以面面俱到，但若能在设计课程之时，运用教师的智慧和经验，尽可能地考虑细节性和可操作性的问题，活用信息技术，将会对心理活动课的效果起到事半功倍的作用。

一、利用信息技术，确定课程主题

心理活动课解决的是现实的、源自生活的问题。教师必须清晰认识到授课对象的年龄层次和对应的心理发展阶段，才能进一步思考在某个成长阶段，学生需要解决的或需要获得指导的是什么，才会知道问题从何而来，应如何解决。

利用信息技术，设置简易问卷，可以帮助教师及时了解学生的共性问题和个性需求。以我所任教的学校为例，学校因推行小组合作学习模式，要求班内学生按照组间异质、组内同质的原则组合成六人小组。要求六人小组在生活上、学习上都能互相扶持，因而制定了小组合作捆绑评价的评价方案和制度。我们利用信息技术，向学生发放电子问卷，进行结果汇总。在问卷调查结果中，我们看到初一学生渴望发展人际关系，但因社会经验不足，他们不擅长在人际交往中与他人合作。因此，培养学生的合作意识和合作能力非常必要。针对这一现实问题，教师希望在心理活动课中通过活动体验式教学，让学生在活动中认识合作，提高学生的合作意识和合作能力。

二、利用信息技术，重组活动素材

心理活动课的素材有很多，网络中随处可见心理游戏集，如关于“合作”主题的游戏素材有“你画我猜”“人身座椅”“同舟共济”“车轮滚滚”等。但设计一堂目标突出的心理活动课，必须尽可能地将目标缩小，学生讨论范围宜小不宜泛。因此，哪怕是同是“合作”主题，也应考虑“合作”这一大主题下的其他因素，如沟通、信任、领导力、服从等。同时也应考虑活动课的场地限制，如“车轮滚滚”对一般教学楼区的普通课室而言，便不太合适。

心理活动课虽然以游戏居多，但它的设置绝对不应是数个游戏活动的简单拼凑。活动旨在让学生通过体验获得经验知识，活动的选择应紧扣主题，由浅入深、层层递进。把学习环节和活动标明在课件上，使得教学活动环节更清晰明了，活动层次也更明显；在课件上标注简明的关键词也能帮助学生快速集中注意力，理解课堂要求。

如在《群策群力，你我同行》一课的设计中，教师设计了“传递呼啦圈”作为热身导入。要求每10位同学牵手围圈，呼啦圈从第一个同学开始一直传递，直到再次传回到自己。在游戏过程中，同学的手不能松开，速度快者获胜。这个游戏既简单易操作，又切合主题，便于让学生快速地进入课堂，初步意识到协调合作的重要性。学生安静分组坐下后，教师播放学生们参加军训、校运会、拔河比赛和共同养护班级植物的图片和视频。这些素材来自班主任的日常记录，均渗透着“合作”的主题。此时学生们都非常清楚地意识到本节课的课程主题是与“合作”相关的。

课堂的热身和引入后，开始本课的核心环节：“挑战合作——齐心协力站起来”（15～20分钟）。规则：1. 以小组形式进行；2. 组员坐地，背靠背，手臂扣手臂；3. 组员依靠背部支持一起站起来，手不能松开，不能撑地；4. 先两两尝试，再增加到四人、六人、八人。看似简单的活动，实际操作起来对学生有一定挑战，尤其当参与人数由越来越多时。当需要八人同时站立时，任务变得艰难起来。因此我特意设计多次体验机会，每次比赛后都留出时间让学生商讨对策，再进行下一次的尝试。活动体验过后，学生们分小组围圈而坐，在组内开始我们最重要的分享感受的环节，并由小组代表总结发言，与全班同学分享组员们的收获。这一活动旨在让学生体验合作，在充足的时间内总结方法，提高与人合作的能力。要利用课堂生成的资源，对学生进行引导。应注意到，并不是所有的活动挑战都能成功，失败的经验同样能使人成长，要注重对因挑战失败而产生挫败感的学生进行引导，以期学生能用心感受，获得成长。

学生们分享过后，常规做法是由老师作小结归纳，回顾本课所感所得。但此次教师做出新尝试，用冥想这一有别于常规总结的方式来带领学生做归纳。冥想是改变意识的形式，通过获得深度的宁静状态而增强自我意识，进入良好状态。学生在此唤醒合作的记忆体验，总结合作经验。

最终的升华，教师设置了别出心裁的突破活动——“十指抬人”实验，招募自愿挑战的同学上前尝试。十位志愿者运用课堂所学，有组织，有安排，配合站位，尝试完成这项看似不可能的挑战。

活动由感知——尝试挑战体验——经验内化——升华几个环节组成，各环节安排符合学生的认知发展规律，有层次和梯度，帮助学生一步步体验合作成功。

三、利用信息技术，用音乐元素引人入境

活动课与传统课程不同，课堂上重体验。一部分学生对课堂认识有误，纪律性不强，甚至会在课堂上打闹玩笑，难以进入状态。而善用音乐元素，利用或亢奋，或活泼，或平和，或忧伤的音乐，可营造相应的氛围环境，有利于迅速把学生带入到老师创设的情境中，更加用心地感受和体验。

在本节课的不同环节，我均加入了不同的音乐背景。如热身活动时配以快节奏的“2002 世界杯主题曲”，在播放学生生活中的合作相册时配以轻快的《爱因为在心中》，在开展核心活动“齐心协力站起来”竞赛时配以节奏越来越强劲的《Children》，在同学们讨论、分享时配以节奏轻快活泼的《Lemon Tree》纯音乐，在带领大家进入冥想环节时配以班得瑞带来宁静心境的《One Day In Spring》。在音乐的作用下，学生们减轻心理防御，快速进入角色，讨论、分享积极热烈，目标达成度高。整个课堂素材多而不乱，服务于课程目标。

四、利用信息技术，不忘语言预设

利用信息技术，若炫技，为的是抓眼球、引注意，但万不能因此辅助技术而丢掉课堂的精髓。在心理活动课上使用信息技术手段是为了服务教学，促进师生对话。教师的语言预设可呈现于多媒体课件，贯穿全课。

重视指令性语言。心理健康活动课上重视体现师生人格的平等，尊重多元价值观，与学生平等对话。但心理活动课上游戏项目多，学生情绪过分高涨，往往也会导致场面难以控制。因此师生需要有约定的指令性语言，帮助老师掌握课堂，使课堂在规则内如常有序进行，如一般团辅中使用到的“静悄悄”。教师在本课中则使用“我们的约定”作为指令性语言，当教师说出“我们的约定”时，学生必须回答“安静”，如是此般在课堂上与学生进行短时训练，便于学生习得行为。学生通过回答指令自我提醒，意识到课堂纪律，或意识到需做好准备进入下一个环节。

重视安全指引语言。因心理活动课的特殊性，学生往往会比较活跃，爱动、爱尝试、不考虑后果往往是学生在课堂上出现的问题。因此，心理活动课必须重视学生的安全问题。在本课中，需要采取必要的保护措施，如在铺设木地板的课室或铺有地毯的活动室中进行教学活动。在一些体力活动开始前，教师需要提醒有伤在身的同学或习惯性脱臼的同学最好不参与，可选择在旁当观察记录员，避免学生脱离课堂，注重面向全体也关注个体情况。

重视分享和提问语言。心理活动课看似突出活动，实质却重在分享。可以说教师引导学生进行分享的方式是整节课是否成功的关键所在。教师的提问技术也展示着教师的心理专业素养。一般来说，设计问题时应避免封闭型问法，如“对不对”“有没有”“是不是”等，而应采用开放式的问题，如“刚刚参与活动有什么感受”“合作过程中你们遇到什么困难”“是什么导致了合作的失败（成功）”等。同时要做好预设，如“你认为合作成功有哪些因素”或“你认为影响合作是否成功的最重要因素是什么”。为适应不同的课堂情况需要，教师宜使用不同的引导语。

在本课例中，冥想语也是引导学生进行经验总结的重要分享语言。教师特地设计了如下引导语：

现在，请大家坐好，放松。背部稍稍挺直，放松。

坐好后，请轻轻地闭上双眼。

随着这优美的音乐，慢慢地放松。

慢慢地吸气……慢慢地呼气……

吸气……呼气……放轻松……

想象自己慢慢来到一片绿油油的草地上。

感到很放松，很舒服。

感受自己的呼吸。

心灵越来越宁静。

思绪被清风缓缓地带回从前……

军训时，顶着烈日烤晒，一遍一遍地练习向前向后转，皮肤被烤热，辣辣的，麻麻的，胳膊和大腿酸痛得动都动不了；

站军姿时，额头上咸咸的汗水滴进了眼里，很痛，为了大家，你始终不敢伸手去擦。

校运会上，为了5班的胜利，在跑道上拼命地奔跑，在大本营疯狂地喊加油。

拔河比赛中，拼尽全身的力气，涨红了脸，咬紧牙关，彼此合作，坚持。手掌被麻绳勒得很痛，还磨破皮，却依然死死地抓住那粗糙的麻绳。只为5班的骄傲。

就在这十几分钟之前，这个房间的门缓缓地开了，大家走了进来。

就在刚刚，大家一起合作完成一项挑战。在挑战中学会了合作，学会照顾到班里的人，有些时候注意手的长短，有些时候注意力气的大小，有些时候注意身体的高矮，一次次的尝试，一次次的走向成功。

今天，告诉自己，我可以成长变化，更好地参与合作。（重复一次）

（停10秒）

随着音乐，我们要离开这片草地，带着心灵的收获回到课室中。

我从1数到5，数到5的时候睁开眼睛，完全清醒。数到5的时候睁开眼睛，完全清醒。

在冥想引导环节，为了能带领大家入情入境，除了必要的呼吸换气、放松舒缓指示，我还参考了朱建军老师的意象疗法，加入了很多源自学生实际生活的细节描写，尽可能描述细致，涵盖多个感觉通道，以达到回忆过去经验的最佳效果。

五、利用信息技术，课后及时反馈

学生的评价是课程是否有效的直接反映。在设计课程之时，便应考虑到课后反馈这一环节，及时在课后安排学生进行网络不记名调查问卷填写或满意度评价，收集学生最直接的反馈信息，为后续课程做出修正和完善。对课后延伸活动进行评价反馈，能让学生感受到自己即便在课后也能得到教师积极的关注，同时也能帮助教师及时了解学生在一堂课结束之后的成长情况，并从学生课后延伸活动成果中撷取有价值的资源，开展反哺课堂的课内交流，实现活动成效的优化共享。常态化的评价反馈形式应该简便易操作，且能激发学生交流的兴趣。

综上所述，运用现代信息技术手段开展心理活动课堂，将影响着课堂的组织和实施。只有明确主题，找准问题点，从学生实际出发，注重素材的选择编排，注重开放式问题的引导和课后反馈跟进，才能帮助心理活动课发挥效用，更好地促进学生成长。

参考文献：

[1] 屠雯静，黄辛隐．让心理教育活动课真正“活”起来——关于中小学心理教育活动课的实践思考[J]．中小学心理健康教育，2009(08)．

[2] 苏巧妙．探寻心理活动课课后延续性的有效操作[J]．中小学心理健康教育，2017(20)．

微课在初中心理健康课的应用研究
——以梁开中学初一年级为例

陈 露

一、研究背景

近年来，微课凭借课堂容量小、制作简单、方便传播、运行不受空间和时间的限制、形式多样等特点席卷全国，成为教育界的热点话题，各个学科都陆陆续续尝试将微课引入到学科教学中。而通过优酷、爱奇异等网络播放器进行搜索，查到的微课视频也不计其数。

但是在众多的关于微课的研究成果中，关于心理健康教育微课的研究却非常少。以“微课”和“心理健康”为关键词，通过知网进行搜索，发现相关的论文有3759篇（截至2019年12月），所占微课相关论文总数的比例为4.45%，且其中有关高校心理健康微课的研究占大多数。而与中学心理健康教育相关的微课研究才刚刚起步。随着人们对心理健康的重视程度越来越高，并且越来越多的学校开始采用“翻转课堂”等教学模式，微课在课堂的运用越来越多，在心理课堂上引入微课也是未来的趋势。

二、定义

微课是一种以一个知识点的阐述为目标，用短小精悍的视频呈现出知识点，达到教学目的的视频课程[1]。

三、应用过程

“三环四步”参与式问题教学法，是由杜鹏花老师首先提出的微课设计和应用的教学方法。该教学方法指出，以教学中需要解决的问题为核心，设置有利于问题解决的情境，通过课前预习、课中学习、课后复习三个环节，在课中学习中从四个步骤来实现教学的高效:（1）展示、检查、评价预习;（2）创设问题情境、出示核心问题、合作探究、精讲点拨;（3）课堂总结、深化认识、构建思维导图;（4）精选问题、分层训练、适当拓展延伸（即“预——探——思——练”）。[2]

张雄在2017年发表了文章《微课在中学物理课堂教学中的开发与应用研究》，尝试采用“三环四步”的方式在物理课堂教学上使用微课[3]；李德芹在2017发表了文章《微课在中学课堂教学中的开发应用探讨》，研究了微课的开发现状以及在课堂的应用途径，证明了在中学微课中采用“三环四步”参与式问题教学法具有较大的价值与意义[4]。

四、研究目的

目前很多学科在课堂教学中已经引入了微课，而且作出了不同程度的尝试，可以发现“三环四步”的参与式问题教学法在微课的教学中比较常用，而且有效性得到验证。但是在心理健康教育课上，目前仍没有人对微课的不同使用模式进行探讨。鉴于此，本研究结合心理课程的实际情况，以“三环四步”参与式问题教学的外层教学循环圈的三个环节（课前预习、课中学习、课后复习）作为研究切入点，研究微课在心理课程的三个环节中的有效性。

五、研究方法

（一）研究对象

随机选取梁开中学初一年级八个平板班中的四个班，其中男生123名，女生87名，共210名同学。共回收有效问卷210份（有效回收率为100%）。

（二）研究工具——《梁开中学学生心理健康课课堂感受调查表》

本调查表从以下七个方面进行了设计：对课堂的满意度，教学目标方面，教学内容的时效性、针对性，学生课堂参与程度，教学效果的展现，教师教学能力，对微课的喜爱程度。调查表的最后增加一道开放式题目，以获取学生对心理课的建议，方便日后对心理课程的改进。调查问卷共 8 道题目，前 7 题全部用采用 4 级评判，分数越高，表示程度越高，无中立选项，为迫选题。

（三）施测与统计

以上工具均采用集体施测方式进行，共施测 4 个班，1 个班为对照班，3 个班为实验班。在 3 个实验班中，1 个班是在课前使用微课，1 个班在课中使用微课，1 个班在课后使用微课。施测同时收集人口统计学材料。采用 SPSS 16.0 对所获得的数据进行输入和统计分析。

六、研究结果

（一）四个班级的调查结果

表 1　四个班级在课堂的满意度上的调查结果的描述统计

	平均分	最大值	最小值	标准差
对照班	3.77	4	3	0.423
实验班 1（课前）	3.86	4	3	0.348
实验班 2（课中）	3.81	4	3	0.398
实验班 3（课后）	3.86	4	1	0.495

表 2　四个班级在教学目标上的调查结果的描述统计

	平均分	最大值	最小值	标准差
对照班	3.58	4	2	0.535
实验班 1（课前）	3.80	4	3	0.401
实验班 2（课中）	3.69	4	2	0.506
实验班 3（课后）	3.72	4	2	0.497

表 3　四个班级在教学内容的时效性、针对性上的调查结果的描述统计

	平均分	最大值	最小值	标准差
对照班	3.26	4	2	0.593
实验班 1（课前）	3.43	4	2	0.728
实验班 2（课中）	3.42	4	1	0.871
实验班 3（课后）	3.40	4	1	0.700

表 4　四个班级在学生课堂参与程度上的调查结果的描述统计

	平均分	最大值	最小值	标准差
对照班	3.49	4	1	0.576
实验班 1（课前）	3.63	4	2	0.528
实验班 2（课中）	3.54	4	3	0.503
实验班 3（课后）	3.74	4	2	0.487

表 5　四个班级在学生在教学效果的展现上的调查结果的描述统计

	平均分	最大值	最小值	标准差
对照班	2.92	4	1	0.703
实验班 1（课前）	3.24	4	2	0.651
实验班 2（课中）	3.37	4	1	0.720
实验班 3（课后）	3.28	4	2	0.730

表 6　四个班级在教师教学能力上的调查结果的描述统计

	平均分	最大值	最小值	标准差
对照班	3.75	4	2	0.477
实验班 1（课前）	3.92	4	3	0.272
实验班 2（课中）	3.79	4	2	0.498
实验班 3（课后）	3.94	4	3	0.240

表 7　四个班级在对微课的喜爱程度上的调查结果的描述统计

	平均分	最大值	最小值	标准差
对照班	3.62	4	3	0.489
实验班 1（课前）	3.80	4	3	0.401
实验班 2（课中）	3.85	4	3	0.364
实验班 3（课后）	3.86	4	3	0.351

从以上 7 个表可以看出，在课堂的满意度，教学目标方面，教学内容的时效性、针对性，学生课堂参与程度，教学效果的展现，教师教学能力，对微课的喜爱程度这七个方面上，使用了微课的班级都比没使用微课的班级分数高。这在一定程度上说明了不管在哪个环节使用微课都可以更好地提升课堂效果。

（二）三种微课使用模式分别与对照组对比的结果

表 8　课前使用微课与对照组情况比较

	Z	p
1	-1.125	0.261
2	-2.375	0.018 *
3	-1.558	0.119
4	-1.171	0.242
5	-2.065	0.039 *
6	-2.058	0.040 *
7	-1.966	0.049 *

注：* $p<0.05$，** $p<0.01$，*** $p<0.001$。

从表 8 中可以看出，课前使用微课，在教学目标、教学效果的展现、教师教学能力、对微课的喜爱程度方面比没使用微课的课堂效果要好。

表 9　课中使用微课与对照组情况比较

	Z	p
1	-0.378	0.706
2	-1.246	0.213
3	-2.036	0.042 *
4	-0.189	0.850
5	-3.194	0.001 **
6	-0.561	0.575
7	-2.516	0.012 *

注：* $p<0.05$，** $p<0.01$，*** $p<0.001$。

从表 9 中可以看出，课中使用微课，在教学内容的时效性、针对性，教学效果的展现，对微课的喜爱程度方面比没使用微课的课堂效果要好。

表 10　课后使用微课与对照组情况比较

	Z	p
1	-1.614	0.107
2	-1.539	0.124
3	-1.296	0.195
4	-2.341	0.019 *
5	-2.351	0.019 *
6	-2.536	0.018 *
7	-2.664	0.008 **

注：* $p<0.05$，** $p<0.01$，*** $p<0.001$。

从表 10 中可以看出，课后使用微课，学生课堂参与程度、教学效果的展现、教师教学能力、对微课的喜爱程度比没使用微课的课堂效果要好。

七、分析与讨论

（一）在课堂满意度方面

学生对心理课堂的满意度是比较高的，但是在使用了微课之后，满意度还是上升了一小部分，虽然没有达到统计学显著的标准，但是也说明了不管在哪个环节使用微课，都可以使学生对课堂的满意度得到提高。

（二）在课堂目标方面

由以上数据可知，只有课前使用微课与没使用过微课的情况比较达到了统计学上的显著差别。这也符合人的认知规律，在预习了课堂的内容后，课堂上能够更好地掌握知识，理解课堂的内容。但是在课中和课后使用微课，学生对课堂内容的理解度也有所提高。所以课堂使用微课，尤其是课前使用微课更有利于学生对课堂知识的掌握。

（三）教学内容的时效性、针对性方面

由以上数据可知，只有课中使用微课与没使用过微课的情况比较，在教学内容的时效性和针对性方面达到了统计学上的显著差别。这可能是由于在课中使用微课之前，教师会加入一些指导语，让学生带着问题去观看微课，所以学生会更加专注地观看微课，从里面找到知识点来解决教师提出的问题，进而更好地迁移到生活中。但是在课前和课后使用微课，学生在教学内容的时效性、针对性方面的满意度也有所提高。所以课堂使用微课，尤其是课中使用微课更有利于教学内容的时效性、针对性方面学生的满意度提高。

（四）学生课堂参与程度

只有课后使用微课与没使用过微课的情况比较，在课堂参与度方面达

到了统计学上的显著差别。这可能是由于近因效应，学生在课后观看微课的时候，都会非常的投入和专注，而且微课里面的内容与课堂上所讲内容会有一定程度的知识重复，所以学生会觉得自己比在课堂上更加投入。但是在课前和课中使用微课，学生在课堂的投入程度上也会有所提高。所以课堂使用微课，无论是课前、课中或者课后都有利于提高学生对课堂的投入程度。

（五）教学效果的展现

不管是课前、课中和课后使用微课，与没使用微课的情况比较，教学效果都达到了统计学上的显著。这可能是由于使用了微课，学生会对知识更加了解，从而在课堂上会更加积极主动地回答问题，更加勇敢地表达自己的看法，所以会觉得更能表达真实的自己。

（六）教师教学能力的评价

在课前和课后使用微课，与没使用微课相比，都达到了统计学上的显著。这可能是由于课前使用了微课，学生对知识有了初步的了解，所以情绪会更加放松，从而能更好地配合老师开展的课堂活动。而课后使用微课，学生可能受近因效应影响，因为在观看微课的过程中情绪得到了放松，所以会感觉这个课堂相对的氛围都是比较轻松的。在课中使用微课，虽然和没使用微课相比，没达到显著，但是学生的感受还是比没使用微课要更好。所以不管是在哪个环节使用微课，都可以使学生在课堂上感到更加放松。

（七）对微课的喜爱程度

从上述的数据可以看出，不管是课前、课中、还是课后使用微课，都深受学生的喜爱，说明学生非常喜欢这种轻松传授知识的模式，这也反映了很多学生没接触过微课，所以无法体会到微课的好处。在接触了之后，都非常喜欢和希望在以后的教学中可以更多地通过微课开展学习。

八、研究贡献、不足与展望

本研究初步探查了初中心理健康课堂上不同环节使用微课的效果，丰富国内研究在初中心理健康课上关于微课研究的案例，具有一定的理论和实践价值。但不可否认，本研究还存在一些局限，有待进一步的改进和完善。

（一）研究工具还有待进一步改进

本研究采用问卷法调查了学生的课堂感受，结果不够严谨，所以未能对初中心理课堂上使用微课的效果进行更深入全面的调查。

（二）本研究的研究对象还具有局限性

本研究选取了梁开中学初一级学生作为研究对象，由于一些客观原因，无法抽取梁开中学各个年级的学生作为研究对象，并且研究对象的范围较小，样本的代表性还不够，因此研究结论存在一定的局限性，需要在以后的调查中尽量选取更具有有代表性的样本。

（三）本研究的研究范围不够广泛

本研究初步探索了初中生心理健康教育课中微课的效果，虽然也初步得到一些结论，但是研究的范围还不够广泛，只是着眼于课前、课中、课后，并没有研究到学生在学校之外使用微课的效果，这还需要在以后的研究中做进一步的探讨。

参考文献：

[1] 胡铁生，黄明燕，李民．我国微课发展的三个阶段及其启示[J]．远程教育杂志，2013(4)．

[2] 杜鹏花．基于“三环四步”教学模式的微课教学设计与应用探讨[J]．甘肃科技，

2016, 32(05).
[3] 张雄. 微课在中学物理课堂教学中的开发与应用研究[J]. 西部素质教育, 2017(1).
[4] 李德芹. 微课在中学课堂教学中的开发应用探讨[J]. 中国教育技术装备, 2017(15).
[5] 卢中华. "微课" 在中学政治教学中的思考和实践[J]. 科学教育, 2016(10).
[6] 郭智聪. "微课" 在中学语文课堂教学中的运用研究[J]. 学周刊, 2017(18).
[7] 张功, 白雪莲. 基于学习者的微课在中学的应用情况研究[J]. 内蒙古师范大学学报, 2016(29).
[8] 李德芹. 微课在中学课堂教学中的开发应用探讨[J]. 理论研究, 2017(15).
[9] 蔡丹迪. 微课在小学语文教学中的应用问题研究[J]. 小学教育, 2016(6).
[10] 王红英. 探讨微课教学在课堂教学中的作用[J]. 学周刊, 2016(10).
[11] 王晓帆, 曲丽君, 王炜琪. 试论微课在中学生物教学中的作用[J]. 辽宁师专学报, 2016(6).
[12] 尹睿, 刘璐莎. 以混合学习为导向的微课应用模式探索与实践[J]. 中国教育信息化, 2015(22).
[13] 潘国. 信息技术教学微课的应用模式研究[J]. 电脑知识与技术, 2017, 13(03).
[14] 王建平. 基于应用视角的小学英语微课资源设计研究[J]. 基础教育课程, 2017(5).
[15] 黄敏. 基于微课的"翻转课堂"模式在大学英语教学中应用的可行性分析[J]. 时代教育, 2015(4).
[16] 唐清. 小微见著, 强化效率——微课在高职生心理健康教育教学中的应用研究[J]. 读与写(教育教学刊), 2017(8).
[17] 李海龙. 微课在中学课堂中的应用模式及平台开发[J]. 中学教师参考, 2017(7).
[18] 潘晓敏. 微课应用于中小学心理健康教育的思考[J]. 中小学心理健康教育, 2016(20).
[19] 钱娟. 系列微课研发与建设的基本原则[J]. 素质教育, 2017(24).
[20] 冯桂梅, 马方圆, 王晓英. 基于微课的翻转课堂模式在大学生心理健康教育中的应用[J]. 信息化教学, 2015(14).

爸爸，你为什么总是骂我？
—— 一例初中生心理健康成长案例

陈　露

一、背景

（一）学生基本情况

1. 学生一般情况

小欣（化名），女，14 岁，初二年级学生，中等个子，在学校遵守纪律，学习成绩中等，但不够刻苦主动，成绩波动幅度较大。在班里乖巧安静，与同学相处融洽，无明显矛盾，平时周末喜爱与同学外出玩。

2. 学生家庭情况

小欣家中排行第一，有一个弟弟，年龄相差 5 岁，目前就读小学三年级，姐弟关系融洽。家庭环境一般，父亲为个体经营户，母亲为家庭主妇，双方文化程度不高。父亲经常早出晚归，忙于工作，与孩子相处的时间较少，对孩子们从小要求非常严格，经常对孩子提要求、讲大道理。母亲在家中全权负责孩子们的起居生活。父母与孩子间缺乏温情沟通。近期生活无重大变化。经过了解，父母和三代以内近亲无精神类疾病史、无人格障碍或神经症史。

（二）主诉和个人陈述

主诉：在家常觉得非常烦闷，不喜欢在家待着，喜欢在学校或者与同学外出。亲子关系不佳，尤其与父亲关系较紧张。

个人陈述：上周六晚，我在家里看电视和玩手机。爸爸晚上回来了，他看到我在看电视、玩手机，二话不说就骂我：你整天只知道看电视，玩手机，都不用学习了？我忍不住反驳：我白天已经写作业了，晚上才开始看电视、玩手机的。爸爸就更生气了，说：现在还学会顶嘴了，你看看你现在成绩那么差，还不努力，上不了高中，你没用的，出到社会看你怎么办。我没听完就回到房间把门关上了，爸爸还在客厅继续骂我。周日一大早爸爸又出去工作了，之前说好每个周末都送我回学校，这周又跟我说没空，让我自己坐公交车去。我非常不喜欢坐公交车，因为我会晕车，恶心想吐，非常难受。他已经不是第一次这样爽约了，经常说到做不到。周日我回到班里后，因为坐公交车身体不舒服，想起周末被爸爸骂，所以就忍不住趴在桌子上哭了。班主任看到了，建议我到心理辅导室找老师聊聊，我自己也想找老师聊一下，所以就过来了。

（三）观察

1. 外表：衣着整齐，刚到心理辅导室时神情略显紧张，与老师沟通过程中，经常低着头。

2. 认知：无幻觉、妄想，感知觉正常，注意力、记忆力逻辑思维方面未见异常。

3. 情绪：情绪稳定，略显紧张，比较低落。

4. 意志：自控能力完好。

5. 人格：人格完整，无明显人格障碍。

（四）评估和判断

1. 与精神病相鉴别：按照病与非病三原则，第一，主观世界和客观世界统一；第二，精神活动内在协调性原则；第三，个性的相对稳定性原则。该生情况符合以上三个原则，可排除精神类疾病。

2. 与神经症相鉴别：从心理冲突、病程时间、精神痛苦程度和社会功能四个方面进行评估，该生的心理冲突与实际生活相连，是与父亲关系紧张而引起的心理困扰，所以冲突是常形的。从精神痛苦程度看，小欣只要不与父亲发生矛盾或离开家，精神痛苦程度明显降低。从社会功能方面判断，该生的学习、生活、人际并没有受到明显影响。所以可排除神经症。

3. 与严重心理问题相鉴别：由于小欣的心理困扰不是由强烈的现实事件引起，社会功能并没受到严重影响，多数情况下可理性控制，并且目前没出现泛化。所以可排除严重心理问题。

综上所述，小欣的问题属于一般心理问题。

（五）原因分析

1. 家庭原因：由于家庭中父亲经常不在家里，陪伴孩子的时间少之又少，没能与孩子建立起良好的亲子关系。而且在家中，父亲扮演着惩罚者的角色，对待孩子的问题，只是简单地谩骂甚至棒打，这更不利于亲子关系。母亲长期在家中陪伴孩子，但是在小欣的描述中，母亲出现的次数极少，可见母亲与小欣情感联结不强。根据小欣描述，平时母亲的角色更多的是照顾起居生活，只关心孩子的成绩，对孩子的心理不够重视。长期以来父亲角色在家庭中缺失，母亲又没能建立起与孩子的情感联结，没能调和孩子与父亲间的矛盾，导致矛盾越积越深，引发越来越严重的亲子问题。

2. 学校原因：平时校内学习生活节奏较紧凑，开展的主题教育活动绝大多数只能停留在表面，没能就亲子关系方面的主题开展深入的教育，没能引导学生在生活中遇到亲子矛盾时，以适当的方式去缓和。

3. 个人原因：（1）进入初中阶段，小欣正式进入青春期。这时候，青少年身体高速发展，抽象思维和逻辑思维也在快速发展，对事物有更深入的思考，有更强烈的个人想法，觉得自己已经长大了，有独立的意愿。但是心理还不够成熟，无法脱离对父母的依赖。所以青春期的孩子思考具有片面性，也更具有明显的情绪色彩。（2）小欣性格较内向，细腻敏感，容易被外界事物影响情绪，不善于对他人倾诉自己的情感，缺少有效宣泄情绪的方式。

二、实施过程

心理辅导过程包括专业心理辅导、家庭辅导和班级层面辅导。

（一）专业心理辅导

1. 共商心理辅导目标

根据上述的鉴别判断，与学生共商心理辅导目标。

（1）短期目标：学会处理与父亲发生冲突之后的情绪。如果自己无法调节，可以到心理辅导室内寻求帮助。

（2）长期目标：修复与父亲的亲子关系，具备积极面对生活挫折的能力。

2. 辅导的原理和方法

通过认知疗法、认知情绪疗法、短期焦点疗法、空椅子法和深呼吸放松法等方法，帮助小欣宣泄出心中对父亲的不满；再通过调整认知的方式，帮助小欣感受父亲的关爱，缓和亲子矛盾。

3. 辅导过程

辅导过程可划分为三个阶段包括资料收集与评估阶段、心理辅导阶段、结束与巩固阶段。具体辅导过程如下：

（1）第一次辅导

①任务：完成资料收集和建立良好的辅导关系。

②方法：倾听、共情、情感反应等技术。

③过程：在辅导的一开始，向小欣表明保密原则和保密例外。在辅导室内营造平等、安全和被尊重的氛围，通过开放式和封闭式的问题形式，收集学生信息。认真倾听小欣所诉说的内容，并给予积极的情感反应和共情，以此建立良好辅导关系。最后共商心理辅导短期目标和长期目标。

（2）第二次辅导

①任务：宣泄对父亲的不满。

②方法：会谈法、空椅子法、深呼吸放松法。

③过程：让小欣回忆并描述出自己与父亲曾发生的矛盾。描述的过程中，小欣的情绪逐渐出现变化，当她的情绪到达一个比较愤怒的点时，在小欣面前摆上一个空椅子，让小欣想象此刻父亲就坐在这里，以第二人称“你”开头，对他说出心里话。当小欣看着空椅子时，本来愤怒的情绪一下子降低，变得小心翼翼，而且表述中不自觉用了他。这时候，我再次耐心引导小欣用第二人称“你”开头，说着说着，小欣的情绪越来越激动，并且勇敢地说出了“爸爸，我讨厌你，你为什么总是骂我？我很讨厌你总是这样说我，骂我！”。当小欣宣泄完后，根据小欣当时的情绪状况，采用了深呼吸放松法帮助小欣放松心情。

（3）第三次辅导

①任务：学会在生活中遇到与父亲发生冲突时，选择适当的宣泄情绪的方法。

②方法：认知情绪疗法、短期焦点疗法。

③过程：让小欣讲述自己在和父亲发生冲突时，情绪是怎样的。再请小欣对自己的情绪打分，以 0 ～ 10 分赋分，分值越高表示程度越深。打分之后，让小欣回顾过往的经验，自己做了什么事情会使情绪的分值降低。小欣列举了一些方法，例如：转移注意力（听歌、看电视、和弟弟玩耍、和朋友外出逛街、画画等），做运动（跑步和打羽毛球）等。对于小欣列举的方法及时给予肯定，并且鼓励该生借鉴以往成功的经验，在以后如果再遇到与父亲发生冲突，或与他人起冲突时，也可以使用这些方法。另外，通过事例讲解情绪 ABC 理论，引导小欣在事情发生了、情绪产生后，学会改变自己的认知和想法，从而调节自己的情绪。

④作业：请小欣把刚才辅导过程中自己说出的有助于缓和情绪的方法

写下来，在冲突之后，拿出来看看，选择上面的方法调节情绪；尝试在生活中使用情绪ABC理论调节情绪。

（4）第四次辅导

①任务：找出父亲在生活中对自己的关爱之处，初步缓和亲子矛盾。

②方法：会谈法、短期焦点疗法。

③过程：让小欣说出在自己心目中，父亲对自己的关爱程度，以0-10的分数来赋分，0表示一点都不关爱，10表示十分关爱。小欣思考了一下，给出了6分。这时及时给予正强化，说："你给了及格的分数，看来你认为父亲对你还是挺关爱的。"随后询问小欣，为什么给出6分，引导小欣说出父亲对自己关爱的事件。接着，让小欣寻找例外。问小欣，在过去是否有某一个时刻，认为父亲对自己的关爱是高于6分的？小欣思考后回答：有。然后引导小欣慢慢寻找所有这些时刻。当小欣说完后，我再把刚才的事情一一复述，进一步强化，并且对小欣说："原来有挺多的时刻里，你觉得父亲对你的关爱是高于6分的。"小欣点头以示同意。

④作业：把今天在辅导室里谈论到的"父亲对自己关爱"的事情写下来，并且可以补充更多的事情。

（5）第五次辅导

①任务：找出自己能做的并且有助于促进亲子关系的事情。

②方法：会谈法、短期焦点疗法。

③过程：请小欣把上次布置的作业拿出来，并且在现场轻声读一遍。欣喜地发现小欣在上次辅导的基础上，又增加了两件"我觉得父亲对我的关爱程度大于6分"的事情。根据小欣描述，是在这个星期之内发生的事情。及时给予肯定，强化小欣的认知。这时候，再请小欣评估父亲对自己的关爱程度，以0～10的分数来赋分，0表示一点都不关爱，10表示十分关爱。小欣给出了8分，我及时给予肯定："看来目前你能更多地感受到父亲对你的关爱。"接着，请小欣拿出上周的作业，回想上面列举的事例

中，当时自己的表现是怎样的，做了什么事情。这个环节中，给予小欣充分的时间思考，慢慢引导小欣。在小欣诉说时，引导小欣关注自己所做的事情中，有利于促进与父亲关系的内容。最后小欣归纳出自己能够做什么来使父亲与自己的关系更加融洽。

④作业：把今天在辅导室里谈论到的“我能做的有利于促进与父亲关系的事情”写下来，并且可以补充更多的事情。

（6）第六次辅导

①任务：巩固心理辅导成果，结束心理辅导。

②方法：会谈法。

③过程：把小欣前几次心理辅导的作业拿出来，把上面的内容轻声重复一遍，引导小欣回顾和总结在这几次心理辅导过程中学到的内容，学会应用到以后的学习和生活中去。帮助小欣了解自己的心理困扰所在，明确以后努力的方向，学会灵活地处理生活中的类似问题。

（二）家庭辅导

1. 约小欣的父母到校沟通。把小欣在班里痛哭的事情告知家长，表明小欣可能由于与父亲的关系比较紧张而产生了心理困扰，希望家长可以配合共同缓和亲子关系，共促小欣的心理健康。

2. 参考台湾关于亲子陪伴的研究成果“123”法则，根据小欣的情况做出调整，建议小欣的父母尽量多抽空陪伴小欣，每周至少 1 次，每次 20 分钟左右。在陪伴的过程中，尽量把手机、工作和其他事情放下，可做以下 3 件事中的 1 件：一起读书、一起活动、一起聊天。无论选择哪种方式，在与孩子交谈的过程中都不要过多地关注孩子的成绩或者频繁对孩子做思想方面的教育，要更多地听孩子说，了解孩子内心真实的想法。是一个让彼此平等交流的机会，让孩子感受到来自父母对自己的尊重和关爱。

3. 强调家长在自己有负性情绪没处理好时，不要与孩子相处，避免把负性情绪传递给孩子，恶化亲子关系。

（三）班级层面辅导

1. 与小欣的班主任沟通，希望班主任利用班会课开展关于“亲子关系”方面的系列主题班会，从班级层面引导学生学会与父母相处。

2. 举办班级内的亲子活动，例如亲子趣味运动会等，拉近父母与子女之间的距离，让家长与孩子共同创造更多美好的亲子时刻。

三、实施效果

通过心理老师的心理辅导、家庭辅导和班级层面的辅导，小欣与父亲的关系得到了较大改善。根据班主任反馈，小欣在班里目前没发生过强烈的情绪反应。根据家长反馈，小欣回到家中更愿意与父母交流，把在学校的所见所闻都跟家长讲，平时也更加愿意和父母一起外出活动，甚至有时候还会主动要求做菜给父母品尝。

四、突破性成绩

初中生与成年人不同，他们的心理还未成熟，对事情的思考深度不够，而且容易走极端。这也就决定了对未成年人的心理辅导不同于对成年人的心理辅导。

专业的心理辅导固然重要，它能够针对来访学生的个性问题进行个性化的处理，是来访学生的避风港和安全港湾，在解决初中生的心理困扰方面起着举足轻重的作用。但如果还只是单纯地在心理辅导室对学生进行辅导，学生离开了心理辅导室后，还是要独自面对现实生活中的问题，缺乏社会支持，容易产生无力感和退缩感。

初中生的生活环境比较简单，以学校和家庭为主。这次对学生进行心理辅导的过程中，不再是仅仅依靠心理老师一个人的力量，而是联合家庭、班级层面共同努力，三者联合起来，为来访学生全面营造一个健康、可靠、安全的环境，使学生可以从班级、家庭获得助力和支持。从而可以更快、更好地促进学生的心理健康发展，更彻底地帮助学生排除心理困扰，同时还促进了学生个性的发展和完善。

五、经验总结

在处理初中生的心理困扰时，作为心理老师可以全面地制定心理辅导方案，联合家庭和班级来共同努力，互相配合，为来访学生创造一个有利于解决心理困扰的环境。

在制定辅导计划和实施辅导计划的过程中，需要注意结合青春期的心理特征，同时结合来访学生的个性和实际情况。

在心理辅导的过程中，采用了多种的心理辅导技术，例如空椅子法、短期焦点疗法、认知情绪疗法、深呼吸放松法等。作为心理老师，应该不断地学习各种有效的、适合中学生的心理技术，并且在心理辅导中恰当地使用。

参考文献：

[1] 许维素．焦点解决短期心理治疗的应用[M]．北京：世界图书出版公司北京公司，2009.

[2] 孟四清．青少年心理问题与个案研究[M]．天津：天津教育出版社，2002.

[3] [美]John Sommers-Flanagan, Rita Sommers-Flanagan. 心理咨询面谈技术[M]．陈祉妍等译．北京：中国轻工业出版社，2001.

运用 Video Scribe 软件制作初中心理微课案例分析

陈 露

一、前言

（一）微课

微课是一种以一个知识点的阐述为目标，用短小精悍的视频呈现出知识点，达到教学目的的视频课程［1］。由于微课教学时间短、教学内容少、制作简单，并且运用不受时间、场地的限制，学生可以通过电脑、平板电脑、手机等电子设备，根据个人对知识的掌握程度，有选择地重复观看学习，所以深受教师和学生的喜欢，也更能满足个性化的需要。这些特点一方面有利于学生集中精力，更快更好地掌握课堂内容，从而提高学习效率；另一方面有利于微课的制作、传播与学习，使得微课可以快速发展［2］。

（二）Video Scribe

目前国内的微课一般是以课堂实录、PPT 录屏和现实手动画图、解题等方式录制，以这些方式录制的微课，可以达到传达知识点的效果，但是由于过于静态化，一般很难激起学生的兴趣，难以维持学生的注意力。动画类的微课能够很好地调动起学生的主动性、积极性，但是由于动画类微课一般使用 Flash 等软件进行制作，对于教师的计算机技术要求较高，一般非计算机专业的教师难以达到。而 Video Scribe 的出现，可以很好地帮助教师们解决这个问题。

Video Scribe 是 2012 年由英国 Sparkol 公司推出的一款自动创建白板

动画的手绘动画制作工具，该软件在国外大受欢迎并迅速流行开来。[3]它拥有丰富的材料库，材料库中包括了图片和英语，在画面中以真实的手绘或者移动等方式呈现创作者所选择的材料，可以配上音乐、录音及动画等内容。制作出来的微课很自然活泼，更有表现力。运用 Video Scribe 制作心理微课，可以把一些枯燥的心理学知识以更加活泼的形式表现出来，也可以使心理学的一些例子和故事更加活灵活现。

二、Video Scribe 的优点与缺点

（一）Video Scribe 的优点

1. 把抽象的内容具体化呈现。

初中生的抽象逻辑思维正在发展，而形象化的思维已经发展得很成熟。另外，由于心理学中有大量比较枯燥的心理学知识，如果只是通过课堂上教师的言语总结，这种方式不太符合学生的认知发展水平，学生可能比较难以理解。而通过 Video Scribe 的方式制作微课，让学生感觉到更加呈现的内容更加新颖有趣，把抽象的内容形象化、具体化，帮助学生更好地理解、掌握、记忆知识内容。

2. 能够更好地吸引学生，集中学生的注意力。

心理学中有一个“自主运动”的概念，是指人的眼睛在观察过程中有不断追寻新画面的本能，也就是蒙太奇的“求新本能”。[4]通过动画的形式，画面不断地变化，学生会为了寻求新的目标而紧跟微课的节奏，从而更好地集中学生的注意力，吸引学生观看，保证整个学习的过程是高效的。

（二）Video Scribe 的缺点

1. 无法直接呈现汉字，需要矢量化。

由于 Video Scribe 无法直接呈现汉字，所以需要通过 Inkscape 把汉字

矢量化，再导入 Video Scribe 中，才可以呈现出手绘的效果。

2. 素材种类尚不够齐全，直接导入的图片无手绘效果。

在准备微课材料的过程中，有时候无法直接从素材库中获得适合的素材，这时候需要上网搜查，并导入 Video Scribe 中。但是导入其中的图片，无法做到与从素材库中直接导入的图片一样有细致的手绘动画，只能选择图片出现方式。

3. 需要其他软件协助编辑。

在 Video Scribe 中可以录音、插入音乐，可以生成视频。但是其中的音乐曲目有限，无特殊音效提供，并且无法对音频、视频进行直接编辑，需要通过 Cool Edit 进行音频编辑，或者直接使用 Camtasia 进行音频和视频的编辑。

三、心理微课案例：对抗“踢猫效应”的妙招——情绪 ABC 理论

（一）教学目标

认知目标：能理性认识到情绪给自己带来的影响，掌握情绪 ABC 理论。

情感目标：树立和主动培养调节情绪的意识。

行为目标：学会在日常生活中应用情绪 ABC 理论以调控自己的情绪。

（二）教学重难点

教学重点：掌握情绪 ABC 理论。

教学难点：学会在日常生活中运用情绪 ABC 理论调控自己的情绪。

（三）微课设计逻辑

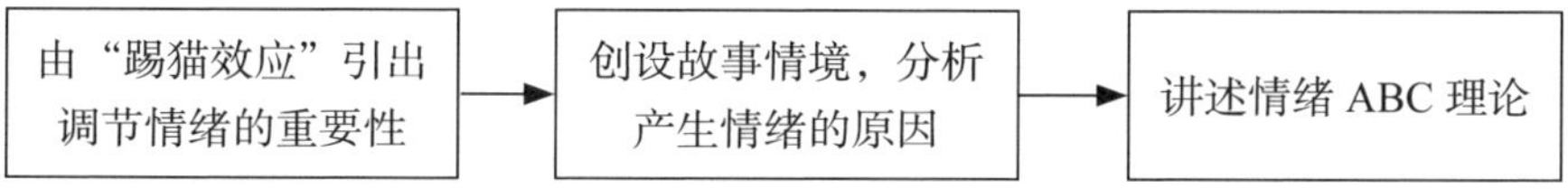

（四）微课设计

1. 时间 0：00—0：19

通过 Video Scribe 呈现本课的导入内容，介绍本课的题目，可以激发学生继续观看的兴趣。

2. 时间 0：20—01：32

介绍“踢猫效应”，把“踢猫效应”的故事更加直观化地展现出来，加入音效使视频更加有现场感，加深学生印象。更好地说明了情绪有感染性，从而让学生能理性认识到调节情绪的重要性，进而树立和主动培养调节情绪的意识。

3. 时间 01：33—03：32

通过 PPT 展现故事情节，同时讲述情景：假若你双手拿着上课要交的纸船经过公园时，看到椅子旁有 50 元，就把纸船放到椅子上去捡钱，没想到，这时一人走过来坐在放着纸船的椅子上，把纸船坐坏了。看到这个场景的你，有什么感受？

PPT 呈现问题：但是，这时候的你细心一看，发现这个人是个盲人，他看不见你的模型，所以才会坐在上面。那这时候的你，又有什么感受呢？

PPT 呈现问题：什么原因导致我们情绪的产生？

通过 Video Scribe 介绍情绪产生的原因。

通过 PPT 情景体验的方式，让学生可以代入其中体会情绪的变化。通过 Video Scribe 手绘的方式，更加形象化地使学生明白想法改变了，人的情绪也会随之而变化。从而使学生更容易理解和接受情绪 ABC 理论。

4. 时间 03：33—04：29

通过 Video Scribe 介绍情绪 ABC 理论，用更加直观的方式呈现理论，帮助学生更好地理解和识记理论内容。

5. 时间 04：30—04：49

通过 Video Scribe 制作课程的结尾。

（五）微课片段截图

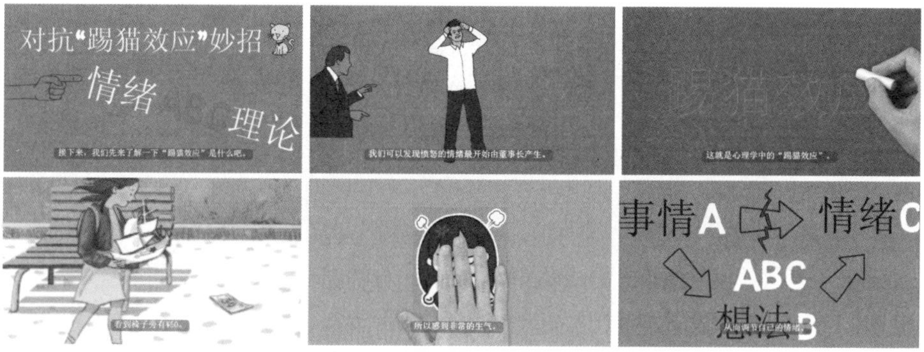

四、微课反思

通过 Video Scribe 呈现“踢猫效应”的故事能够较好地吸引学生的兴趣，案例展现的情境都是学生日常生活的场景，通过 PPT 的呈现，更加贴近学生生活，更容易使学生产生共鸣。课程的目的不是把情绪 ABC 理论生硬地强加于学生，而是通过情境案例引入，带领学生感悟到想法对情绪的影响，再通过 Video Scribe 更加直观地引导学生在体验中思考、感悟和总结。总体上看，课程轻松活泼，可以让学生在自然、愉快的情绪中完成本课的学习。

参考文献：

[1] 胡铁生，黄明燕，李民．我国微课发展的三个阶段及其启示[J]．远程教育杂志，2013（4）:36-42.

[2] 王岚，张一春．微课的评价指标体系研究[J]．教育现代化，2015（3）:85-88.

[3][4] 王永胜，姜大雨，王喜琢，刘海潮．运用 Video Scribe 软件制作化学微课案例分析[J]．中国教育技术装备，2016（22）:65-67.

浅析班主任如何构建积极的班级氛围

杨晓惠

消极的班级氛围会瓦解班级成员的凝聚力，在班级发展过程中产生一种阻碍的力量，消磨班级成员的意志，从而不利于师生身心和谐发展。班主任应当积极转变班级管理理念和教育教学理念，采用个性化的方式管理班级[1]。积极的班级氛围有助于班级凝聚力的产生，让不同个体在班级这个场所内能够和谐共处、共同发展，积极班级氛围的形成是家长、学校以及社会的共同期待。班级的每一位成员都是带有独立思想的个体，会持有不同的认知方式，从而在行为方式上也表现各异。构建积极的班级氛围，促进班级场域内形成凝聚力，让班级成员共同成长，则是班主任具有较高工作艺术的表现。

一、积极班级氛围的必备要素

（一）积极的班级愿景

班级愿景是指在班级建设过程中，班级内所有成员，包括学生、家长和老师为了实现班级发展需要而达成的一致的目标期待。[2]班级愿景是基于班级成员共同意愿，为使班级获得更好的发展而勾画的图景。因此为促进积极班级愿景的形成，为班级未来发展找到方向，需要全员协作凝练班级的核心理念，勾画出班级未来的图景。

（二）成员认同的班级契约

班级契约是在班级场域内实行的行为准则，它由班级成员共同制定，又服务于班级活动。成员认同的班级契约可以在一定程度上约束成员的行为，从而保证班级各项活动的顺利开展。学生在班级场域内通过参与学习活动从而获得对世界的认知，进而形成一定的价值观。有学者认为："班级成员不能始终保持自治的状态。"[3]学生处于身心发展的特殊时期，对于基本的行为规则还不熟悉，借助班级契约可以让学生更好地熟知社会基本规则。

（三）温馨和谐的班级环境

学生在班级内开展学习活动，同时也进行着交往、交流等活动，因此需要在温馨和谐的班级环境中才能顺利进行。而班级环境不仅包括以心理氛围为特征的人文环境，也包括温馨舒适的物理环境。班级人文环境需要班主任营造适宜沟通交流的环境让成员之间彼此了解，同时还要借助一定的班级活动增强成员之间的接触，以增强成员在心理层面的连接。班级物理环境则需要成员共同参与布置以及维护，而让班级这一场所更好地服务学生的学习和成长。

二、班主任构建班级积极氛围的价值所在

（一）构建积极的班级氛围是班主任职责所在

班主任是班级的核心人物，是班级成员成长的守护者，在班级的各项活动中处于引导位置。班主任对班级所持有的价值观、自身的行为方式等都会对学生的成长以及班级的发展产生重要的影响。有学者认为班级积极氛围的形成、班级成员的成长等都和班主任有着密不可分的关系。[4]为促进班级发展、让班级成员共同成长，班主任个体需要发挥自身的人格魅力，择取不同的方式和手段营造积极的班级氛围。

（二）积极班级氛围的构建有助于师生身心和谐发展

在学校场域内，师生以班级为单位开展学习活动，师生身心的健康发

展是学校教育应有的追求。班级形成积极氛围可以让师生在工作和学习的过程中身心更加舒展、情感更加愉悦，成员之间会更加的信任、班级的向心力也会增强。以此为基础可以让每个个体更好地发挥其创造性和积极性，最终促进班级愿景的实现，让班级取得更好的发展。

（三）形成积极的班级氛围是“家·校·社”的共同期待

在现代社会飞速发展的背景下，社会不再是单一的结构，而是由不同主体编织而成的共同协作网络。学校需要黏合不同的主体，寻求家长以及社会等不同主体共同协作，为学生的成长共同规划。因此，形成积极的班级氛围，促进学生获得良好的发展，是班主任开展班级工作要达到的目标，也是家庭、学校以及社会对于班级这一组织应有样貌的共同期待。

三、班主任构建班级积极氛围的有效策略

（一）触发成员共同勾画班级愿景

班级没有愿景就像船在大海航行失去了方向，很难到达理想的彼岸。班级愿景彰显了班级的独特性所在，包含了班级成员对于班级未来发展的美好期待，为班级的发展找到了目标，对于班级发展起着引领的作用，班级愿景的达成需要班级全员协作才能实现。为更好地描绘班级愿景，班主任可以激发成员的灵感和智慧，发挥其丰富的想象力，借助头脑风暴的形式让班级成员共同参与讨论，借助诗意化的语言描绘班级未来的发展样貌。

（二）制定师生共同认可的班级契约

班级作为学校的组成部分，其目标也是为社会培养需要的人。有研究指出，借助班级的各项活动可以对学生进行公民意识的教育。[5] 班级契约的制定需要师生共同参与，在师生协商和交流的基础上制定的契约才会被成员认同，进而内化于心，并规约其外显的行为方式。班级契约的制定

不同于班级愿景，需要依据相关的制度进行制定。在商讨班级契约的过程中，班主任要发挥主导作用，让学生了解基本的学习、交流以及处事的规则，这样可制定的班级契约才更加合理规范。同时，班主任还要以人人平等的思想看待每一个个体，让不同的主体都有机会阐述其内心的想法，这样做不仅有助于班级成员在思想层面进行沟通，增进彼此的了解，而且有助于成员主体性的彰显，让其内心有一种主人公的自豪感和责任感。

（三）优化班级环境为构建积极班级氛围提供保障

班级环境包括人文环境和物理环境。班主任要有意识地从内隐层面为班级成员营造一种积极的氛围，通过设计积极向上的班级标语、开设心愿栏让学生描绘自己的心愿、设置梦想加油站为学生实现梦想助力等方式为学生构建心灵家园，让学生对班级产生归属感，从而使得成员之间更加团结协作。在班级物理环境的布置方面可以让学生共同参与设计，如为美化班级环境，可以通过在班内布置小小植物园、开设读书角、张贴英雄榜等方式，让学生发挥创造性，自主设计不同的内容来美化和装点教室。总之，班级环境既是班级成员共同创造的，又是班级成员共同享用的，人际关系和谐、物理环境温馨才能保证师生顺利开展各项学习活动。

（四）联结校外资源为班级积极氛围的构建找到后盾

现代社会的发展使得不同主体之间的联系越来越紧密，因此各主体之间的沟通协作频率也在逐渐提高，多主体协作也是学校教育追求的理想状态。班主任作为班级的领军人物，要有敏锐的观察能力，从不同层面挖掘有利资源以促进班级实现更好的发展。家长是学生第一责任人，为学生的成长提供坚实的后盾，学校是学生学习的主要阵地，社会可以为学生的成长提供更为立体的学习资源。联结校外资源不仅可以为班级积极氛围的构建提供有力的保障，让学生从更多层面接触社会、了解社会，同时也让学校和社会产生了更多的联系，增强了学校的影响力。

四、结语

班级积极氛围的构建有助于班级形成凝聚力，在积极和谐的班级氛围中工作也可以让师生身心更加和谐发展。建设具有积极氛围的班级是班主任工作的重心，积极班级氛围的形成既是班主任工作的职责所在，也是班主任具有较高工作艺术的体现，有助于班主任自身发展更加专业化。同时，形成积极的班级氛围也符合家庭、学校以及社会多主体的共同期待。

参考文献：

[1] 苏兵．新时期小学班主任班级管理方式方法研究[J]．学周刊，2020（03）:165.

[2] 梁小玲．愿景引领特色先行——提升班主任工作效能的有效路径[J]．中小学德育，2019（01）:64–65.

[3] 赵荣辉．班级管理：引领班级成为命运共同体[J]．中国德育，2018（09）:30–32+36.

[4] 刘伟．论小学班主任班级管理的创新与实践[J]．中国校外教育，2020（15）:33.

[5] 黄道主，刘长海．论作为关系契约的班级公约及其实现[J]．中国教育学刊，2015（01）:30–34.

浅谈后进生教育

卓国香

我们常说的后进生，一般是指那些在正常生理状况下，思想态度不好、学习成绩跟不上的学生。其主要表现有：缺乏理想、道德观念模糊、不求上进、知识贫乏、行为叛逆、自觉性低、自控能力差等。由于他们种种表现欠佳，会影响整个班集体，出于人的正常心理反应，他们会不同程度地受到老师和同学的冷落、薄待甚至歧视，这样的结果是使差生更差。

怎样对待后进生，是检验教师职业道德的尺度。苏霍姆林斯基曾感叹："从我手里经过的学生成千上万，奇怪的是，留给我印象最深的并不是无可挑剔的模范生，而是别具特点、与众不同的孩子。"教育的这种反差告诉我们，对后进生这样一个"与众不同"的特殊群体，教育者必须正确认识他们，研究他们，将浓浓的师爱洒向他们。因此，教育转化后进生就成了班主任一项特别重要的经常性工作。班主任有责任，有义务，也应该有能力教育好这些后进生，使他们也能和其他的同学一样展示自己的风采。

在前几年的教学生涯中，我有过很多失败的经历，痛定思痛，我逐渐摸索出了一些转化后进生的方法，并在后来的教育教学工作中取得了一点点成效。

一、了解后进生各方面的现实情况，建立和谐师生关系

无论面对多么令人头疼的学生，老师都不能把师生关系弄糟糕。一般说来，学生非常信任和依赖教师，当他们得到老师关心的时候，内心会感受到爱的温暖，从而更乐于学习，克服困难，不断进步。在师生关系中，教师的作用更为明显，因此，和谐的师生关系主要靠教师维护。

要想关系和谐，必须全面调查了解学生，对其各方面情况做到心中有

数。要充满信心地去亲近他们，成为学生真正的“朋友”和“知心人”，并进一步认真、仔细地分析后进生“后进”的原因。

我在调查了解学生时，综合运用观察、调查、谈话等方法，从不同的侧面全方位了解后进生，重点了解掌握以下几方面情况：

1. 学生个人的一般情况。比如：与其成长密切相关的事；生活习惯；和父母之间的关系等。

2. 学生的个性心理特征。比如：兴趣爱好或特长；喜欢看哪类书刊；喜欢参加什么活动；自卑心理强不强；逆反心理如何；性格特征等。

3. 学生各方面的情况。（1）思想品德情况：对劳动、社会集体活动的热心程度；对人的态度；在公共场所的行为表现等。（2）各门功课学习情况：对学习的态度和兴趣；学习方法、学习习惯或学习时间安排等。（3）健康状况：健康水平和疾病状况；对体育锻炼的态度和习惯等。

二、要保护后进生的自尊心，宽容对待学生

俗话说得好：“树怕剥皮，人怕伤心”，每个人都有自尊心、荣誉感和积极向上的一面，都希望得到别人的赞许和认可。而身心正在迅速成长的中小学生的这种心理更为突出，哪怕是师长的点滴肯定，对他们来说，都可能会产生无法想象的动力。

后进生不但有自尊，而且非常敏感于别人对他是否尊重，这和我们常说的“病人心多”是一个道理。“亲其师”才能“信其道”，教师要想办法帮助后进生，必须首先尊重后进生。

要尊重后进生，就要设身处地地为他们着想，想想他们所处的困境，想想他们内心的期望，想想他们处于“后进”状态的滋味，想想他们毕竟还是孩子。经常这样“换位”，就会对后进生有更深的理解，而这种理解就是尊重的前提。

要尊重后进生，教师就要控制住自己的情绪。后进生有时候真是气得

人有五脏六腑要爆炸的感觉。即便如此，教师也要克制自己的情绪，而不能向学生“开炮”。要记住伟大的教育家陶行知先生告诫教师的话：“你的鞭下有瓦特，你的冷眼里有牛顿，你的讥笑中有爱迪生。”

三、要善于发现后进生身上的闪光点，帮助他们树立信心

美国心理学家詹姆斯说：“人性最深刻的原则就是希望别人对自己加以赏识。”教育心理学研究表明，任何学生身上都有闪光点，只是在于教者是否善于发现。大多数后进生自卑感很强，在课堂教学中，教师要充分掌握表扬的艺术，对他们的课堂表现做到肯定为主，表扬为主。要细心观察后进生生活的各种细节，注意其间的微小变化，哪怕是看起来极为微不足道的一点点进步，也应及时给予肯定与赞扬。与此同时，还应指出他们所做的哪些地方是比较好的，哪些地方是不足的，然后对做得比较好的地方加以赞扬，对做得不足的地方加以纠正，鼓励他们向好的方向转化，并要求他们长期坚持。

自信心是一个人成功的第一秘诀，摩尔在《你能当总统》一书中列举了大量生动的事例证明：自信的力量是非常神奇的。他认为“只要你充满信心，认定目标，努力去使信念变成现实，你的信念就一定会成为现实！”我们要多给后进生戴高帽，树立其信心，鼓励其不断进步。

四、耐心是教育后进生的前提

有句话说得好：“十年树木，百年树人。”可见培养、塑造一个人是一个漫长而复杂的过程，绝不可能是一蹴而就的，更何况是有着不良行为习惯的后进生。

“冰冻三尺，非一日之寒”，后进生身上的陋习和缺点，不是一朝一夕形成的，它有一个产生、形成和发展的过程。因此，要改正某一已形成的缺点或者坏习惯，也比较艰巨。作为教师，应认识到后进生的教育工作是一个长时间的过程，不要指望一次谈话、一次批评、一次关心就能奏效，

而是需要教师付出更多的汗水和心血，对他们的转化不仅要晓之以理、动之以情、导之以行，还要持之以恒。因此，教师要有充分的心理准备。

要允许学生犯错误。对学生来说犯错误是难免的，不要因为学生反复犯错就丧失信心，放弃教育转化工作；也不能出现急躁情绪，对学生表现出恨铁不成钢的言行。遇到后进生不良行为出现反复，班主任一定要有耐心，客观分析思考后进生不良行为反复出现的原因，要及时发现，及时诱导，做到防微杜渐。

当然，这里所指的耐心教育并不是消极等待，而是要做有心人，为后进生的转化积极创造条件。古人云："教也者，长善而救其失者也。"后进生虽然有很多不足之处，但即使再差的学生也总有某方面的特长或优势，比如一位学习成绩差的学生，他在体育方面表现很好，或在音乐、美术方面有特长。班主任要善于捕捉他们身上的闪光点，发掘其身上的潜能并给予充分的肯定，千万不要吝惜"好话"。积极的评价能使后进生的"进取之火"燃得更旺，使后进生重新找回自我，获取克服缺点的勇气和信心。

每一个后进生都是一个精彩的世界，后进生身上有许许多多的闪光点，也有他们的优点。他们的表现里，蕴藏着丰富的教育他们的资源，只有有心人才能把它们开发出来，并加以很好地利用。后进生的转化是一项艰巨而长远的任务，这就要求我们用"爱"对后进生多进行关注，并持之以恒，用心去做，适时地表扬和鼓励，才能为每一个后进生开辟出一片新的天地。总之，教育后进生是一门真正的艺术，而我只是刚刚跨过了门槛。

参考文献：

[1] 王立英 . 关于后进生转化教育的思考及对策初探[J]. 卫生职业教育，2007(02):42-43.

[2] 张大均 . 教育心理学[M]. 北京：人民教育出版社，1999:112.

[3] 万玮 . 班主任兵法[M]. 上海：华东师范大学出版社，2005(04).

[4] 魏书生 . 班主任工作漫谈[M]. 桂林：漓江出版社，2005(06).

在化学教学中提升学生品德初探

卓国香

苏联教育家苏霍姆林斯基说过："道德是照亮全面发展的一切光源。"由此可见，德育在整个教育教学中有着重要地位。教学是德育的主要载体，也是对学生进行思想道德教育的主要渠道。在学校中，通过各科课堂教学开展德育教学工作，是最有效，也是最常见的形式。

从化学学科特点出发，贯彻"德智体美劳"全面发展的方针，为全面提高学生素质奠定基础，重视思想政治教育，充分挖掘教材中的德育因素，把握德育教育契机，寓德育教育于化学教学的各个环节之中，应是初中化学教学的重要指导思想。实践经验告诉我们，在初中化学教学中渗透德育可从以下几方面着手。

一、利用化学成就进行爱国主义教育

中华民族有五千多年的辉煌历史和灿烂的文化，曾对人类文明作出过巨大贡献。初中化学课本中介绍了许多令人骄傲的成就——古代，烧制陶瓷的技术、商代后母戊鼎等青铜器的铸造、举世闻名的火药的发明、春秋战国冶铁炼钢的出现等；近代，在中国化学工业史上，有一位被称为"国宝"的侯德榜先生，留美 8 年获博士学位后，放弃国外的优越条件，带着赤诚的爱国之心回到祖国，潜心研究制碱技术，成功地改进了西方的制碱方法，发明了将制碱和制氨结合起来的联合制碱法——侯氏制碱法，名震中外，为中华民族争得了荣誉，同时对世界制碱工业的发展起了重要作用。这些令人骄傲的化学成就可增强学生的民族自豪感，激发的爱国热情。

在化学学习中，学生也会发现我国现代化学技术与世界先进技术之间的差距，认识到我国现阶段化学水平还比较低。而未来的世界强国，必须是科技强国，中华民族要立于世界民族之林，就必须发展科学技术。教育学生明白这一历史重任是我们义不容辞的责任，祖国的未来就在学生身上，我们要激励学生为中华民族之振兴而发愤读书。

二、结合已有定律培养学生辩证唯物主义的观点

化学是一门研究物质的组成、结构、性质以及变化规律的基础自然科学。化学在形成和发展成为一门科学的过程中，始终受到辩证唯物主义理论的研究和发展的强烈影响，它所研究的内容无不充满着辩证唯物主义思想。

1. 进行质量守恒定律教学时，通过铁钉和硫酸铜溶液反应前后质量测定的实验，说明物质在发生化学变化时，参加反应的各物质的质量之和一定等于反应后生成的各物质的质量之和，即质量守恒，这一规律正好验证了哲学上的物质是永恒不灭的规律，从而使学生不仅在理论上，而且在实践上都能认识到，物质是不依赖于人的意志而独立存在的客观实在，它既不能被创造，也不能被消灭，物质是永恒的，这正是辩证唯物主义所阐述的物质观。

2. 通过课堂上对不同物质的性质、结构、变化规律以及用途的学习，可以让学生了解事物的两面性。比如：二氧化碳可用于灭火、人工降雨，也是植物光合作用必不可少的原料，但是二氧化碳含量的增加会造成温室效应。又如：化肥对提高农作物的产量具有重要作用，但是由于化肥中常含有一些重金属元素、有毒有机物和放射性物质，施用后会造成土壤、水、大气环境的污染，等等。

3. 碳在充足的氧气中燃烧生成二氧化碳，在不足的氧气中燃烧生成一氧化碳，说明了物质的量变能引起质变，所以说量变到质变是化学运动的基本形式。

三、在化学教学中渗透环境保护教育

因工农业生产、交通运输等人类活动而导致了洪水泛滥、大气污染、水体污染、地球升温等，给人类的生存带来了巨大的危害。因此在化学教学中，教师可以结合课程设计一些环保知识案例。

【案例1】在学习九年级上册第二单元课题1《空气》时，安排学生调查地区空气质量并举行“空气质量播报”汇报。学生扮演节目主持人，在播报某日顺德区的空气质量情况的同时，介绍污染物的种类、来源和危害，以及防治措施。期间穿插介绍生活中的真实事例，如前几年我国部分地区的特大洪涝灾害和沙尘暴天气、我国酸雨面积迅速扩大、光化学烟雾、全球气候变暖、臭氧层空洞的出现等。学生的环境忧患意识、对人类的责任感增强了，环境保护意识也自然提高了。

【案例2】在学习九年级上册第四单元课题1《爱护水资源》时，通过几组数字，如江河湖海覆盖地球表面积的约71%，但人类所能利用的淡水资源不到总储水量的0.8%，让学生了解水资源是有限的；再向学生简单地说明中国现有的水资源情况；并结合本地的水资源情况，让学生明白，一定要十分珍惜宝贵的水资源。同时，组织学生观看相关的视频资料，了解各地水污染情况，看看西北地区的人们用水时多么的困难；再让学生回忆自己平时是如何用水的；最后，让学生结合自己生活实际，谈谈今后如何在日常生活中注意节约用水。

四、在化学实验教学中渗透科学思想，培养求真精神

科学思想包含科学态度、科学方法、科学思维、科学道德、科学价值等方面的内容，它们均可在中学化学实验中得以体现。在科学思想中，科学态度是核心，“求真”是关键。教师要充分利用化学实验，激发学生的“求真”欲望。

【案例3】教材九年上册第六单元介绍“二氧化碳的性质”时，只简单

让学生知道“将二氧化碳通入澄清石灰水中，石灰水会变浑浊”。在下册第十一单元介绍“生活中碳酸盐的性质”时，再提出“将二氧化碳通入澄清石灰水有何现象？”大部分学生根据课本上的知识回答：“变浑浊”。真的是这样吗？让我们用事实来说话：取适量澄清石灰水于试管中，请一名学生用塑料管往里吹气，结果石灰水先出现浑浊，然后又变澄清。学生对此都很激动，“这是为什么？”于是教师将这一问题交给“科研小组”，要求他们自学“石笋和钟乳石的形成”，设法寻求合理解释。

实践证明，在“求真”意识的支配下，学生就能以积极的姿态投入，不断地探究、思索、发现，同时，也不断地体验着怀疑、惊讶、自豪、成功和喜悦等情感，“求真”的精神得到了培养。

五、充分挖掘化学哲理，激发学生的坚强意志和奋斗精神

【案例 4】由原子得失电子想到的

金属元素的原子最外层电子一般都少于 4 个，在化学反应中易失去电子；而非金属元素的原子的最外层电子数一般都多于 4 个，在化学反应中易得到电子；都趋于达到相对稳定结构。但原子在得失电子中，它的原子核不变，所以原子种类没有变。其实，人生就像原子得失电子一样，有得有失，但不能失去中心，失去目标。当下，有许多学生喜欢玩游戏、刷微博、聊天等，无心学习。他们得到了一部分“电子”——游戏的刺激和刷微博的惬意，却失掉了他们的“原子核”——学习科学文化知识。俗话说“皮之不存，毛将焉附？”没有了“原子核”，也就没有了自我，“电子”再多有何用？贪图一时的快乐而放弃了求学的美好时机，放弃了自己的前程，人生意义何在？

总之，德育的内容丰富多彩，教育的方式灵活多变。作为一名化学教师，应当立足于化学学科教学，积极探索，积极参加教改，在化学教学中因势利导，结合学科知识对学生进行道德教育，用潜移默化的手段教书育人，努力培养出新一代既具有专业知识又具有高尚品德的合格中学生。

如何有效进行批评教育

谈　玲

班级管理是一门艺术，班主任不仅要懂得教育法规、教育心理学，还要掌握适当的方法，耐心细致地去做学生的思想教育工作。在做思想工作时，难免遇到学生犯错误屡教不改的情况。那么，怎么样批评教育才能收到较好的效果呢？尤其是现在的初中生，正处于叛逆时期，性格差异较大，如果不掌握好批评教育的方法，往往会使问题激化，个别情绪不稳定的同学可能会做出逃学、出走、破坏、报复、轻生等过激行为，使事情的发展与教师的初衷背道而驰！

目前，老师不能体罚或变相体罚学生已成为共识，并且因为“普九”，不管学生成绩好坏都可以从小学升至初中，所以有些学生便渐渐“放肆”起来。加之现在的独生子女多，很多学生在家里被宠坏了，所以有时教师批评重了，学生或学生家长还会找老师“算账”。这给老师的教育方式带来了极大的挑战。如何批评犯错误的学生，能使他认识错误且加以悔改，这就是我要讨论的问题。下面就我本人结合实际情况谈几点体会：

一、要尊重和爱护学生

现在的学生很多都是独生子女，有部分学生更是在单亲家庭里成长，总体而言，这一代学生的自尊心比以前的学生更强，尤其是学习差的后进生自尊心更是强于其他人。而实际上，在他们的内心深处，不但有上进要求，更渴望得到老师和同学的帮助。因此，在批评学生的时候既要讲原则，不迁就其错误的思想行为；又要讲感情，维护他们的自尊心。这样，被批评的学生就不会感到自己是挨骂，而是在接受教育，他们会从心底里感激你的关心和爱护。正所谓“亲其师，而信其道”。他们会把教师的话语听进脑子，并努力地去做好。这样。我们的批评效果就达到了。

我记得在我上初中时，我们班主任打骂学生都是常态。很多学生都在心里记恨班主任，前年一次同学集会，有个当年被班主任打得很厉害的同学，还咬牙切齿地说："要是让我再碰见陈某某（当年班主任姓陈），我非把他打得卧床半年起不来，当年把我打得太狠了，我挨了很多冤枉打！"他这么说我也深有同感，记得那时我家也是农村的，家里那几年农活忙，家里劳力少，虽说我们那时只有十二三岁，可也算是家里有用的劳力了，每天晚上都要回去干农活，早上起来还要放牛或做完早饭再去学校，那时中学离家里有 8 里地，去学校基本上都是靠自己的"11 路公交车"，因此我和村里的另一个学生时常会迟到。当时的班主任是教数学的，他的课差不多都排在前两节，每次迟到时他都让我们在门外站半天。有一次他把我们堵在门外，当着全班同学的面说："你们真是"风雨无阻"啊！你们就是狗改不了吃屎，要是什么时候不迟到了，那狗都改性了！"当时我们只能默默地承受着，事后全班同学就给我们取了个外号叫"风雨无阻"，以致那个学期我们都生活在苦闷中，学习成绩也从原来的上等急剧地下滑到中下等。可见老师未经调查的批评及恶语中伤，会给学生的学习和生活带来很大的负面影响。

二、要把握好学生心理

由于初中生正处于心理的成长期，他们的自尊心很强，也十分重视自己在同龄群体中的形象，十分关注同学、父母、师长特别是异性朋友对他们的态度、评价，这都是处在青春期的学生普遍存在的一种特殊心理现象。因此，教师要以尽量不造成学生的逆反心理为尺度，根据学生的认知水平和性格特点，采取相应的批评方式。不要带个人情绪，这是批评的大忌，很多学生和老师对立，就是因为老师带着个人情绪批评学生，哪怕教师的观点非常正确，也不能粗暴地表达。对不同性格的学生应采取不同的批评方式，如对有的学生可以采取公开和热烈的方式，但对有的学生就需要采取委婉含蓄的方式。

三、尽量多换位思考，不要独断专制

批评的目的在于使学生正确认识自己的错误，从而诚恳地接受批评意见。事实上，由于各方面的原因，学生未必能及时、全面地接受批评性意见，或许当时迫于老师的压力，表面看上去是接受了，但实际心理却不认同。此时如果班主任强迫学生无条件地接受批评性意见，就会使批评的本意发生本质的变化，还会使学生对班主任产生埋怨和抵触性情绪，甚至可能导致学生对班主任所教科目的厌恶。这就要求班主任在批评学生时，学会换位思考，多站在学生的立场上思考，他为什么要这么做，他这么做想要达到什么样的结果？在充分听取学生意见的基础上，尽量体谅学生的苦衷与为难之处。将心比心，推心置腹，会使学生主动承认错误，接受批评性意见。古人云："感人心者，莫先乎情。"教师只有像对待自己的孩子、朋友那样怀有真诚，理解、尊重、信任和爱护学生，才能使学生亲近、信任教师，和盘托出心底的秘密，心悦诚服地接受教师的批评和指点。对那些惰性心理、依赖心理较强的学生，他们的行为往往未得到别人的肯定，犯错误后又易受到老师的训斥。长此以往，他们总觉得不被理解，进而产生一种惰性和逆反心理，有时甚至会和老师对抗。

四、要公正合理

教师在批评学生时不能带有偏见，不能有优等生、差等生之分，批评的程度应该一视同仁，对学生的缺点、错误、过失情节、性质和后果要同等看待。学生不是老师的"出气筒"，学生有了过失，一般不要立即批评，更不要在全班同学面前训斥，要忍一忍，放一放。留给学生一定的反思时间，等学生冷静后再进行个别谈话，帮助其认识问题的严重性，促使其向好的方面转化。

五、要真诚关爱

批评学生并不是一味地指出错误，同时还要从关爱学生、理解学生的角度进行亲情教育，用自己的真心来感动他们，让他们吸取教训，提高认识。

六、掌握好批评的“度”

教师批评学生要把握好“度”。若蜻蜓点水，无关痛痒，则不足以教育学生；若批评过重，伤及自尊，则恐适得其反。究竟批评到何种程度为宜？这首先要因人而异。对于性格内向、自尊心较强的学生，态度不可过于严厉，批评不可过重，批评用语要注意斟酌；对于勇于认错的学生，不可过于责备，对其错误点到为止；对于性格倔强的学生，不可与之正面冲突，一争高低，而应当根据其“吃软不吃硬”的性格特点，对其进行和风细雨式的批评。

其次要因事而异。如果学生所犯错误是偶然性、轻微性错误，教师用眼神、手势或幽默性的语言略做暗示即可。如果所犯错误较严重，教师可先留出时间让学生自我反思，然后适时进行较为严肃的批评教育，甚至可以采取适当的惩罚措施。

例如，几年前我所带的班级出现了一件早恋事件，其实刚开始我有点警觉，但是没有确切的证据，想着或许不是我想象的那样，也就没放在心上。事情是这样的。

我们班有个学生，这名学生平时就有些调皮捣蛋，这也是小孩子好动的天性。有一段时间我发现每次上完课，其他同学都三三两两地走出去聊天，他不一样，突然老实起来了，飞快地从桌斗里拿出一个纸盒子，然后从里面拿出一些鲜艳的小纸片来折叠，好几次是这样。刚开始我想着，他也没在课堂上折，我就没过问。有一天我刚下课，他又在急忙地折叠，我就走近去看，原来他在叠千纸鹤。我就笑着问：“小明同学（化名），给谁叠千纸鹤呢？”他低着头继续叠，也不说话，我又继续说道：“叠得很漂亮啊，是不是准备送给老师啊！”

“不是的，是送给同学的。”他一边叠一边答道。

“那是男同学，还是女同学啊？”

“肯定是男同学了。”

我看了一眼那纸盒子，里面堆着叠好的千纸鹤，起码也有百十只了，问道：“送哪个男同学啊，都是大男生了，还喜欢这小纸鹤啊？”

“老师，你就别问了，我真是送给男同学的，他就是喜欢这个的呀！”

我见这样问不出个所以然来，也就算了，况且小孩子之间送个这东西也属于正常。

然而有一天课间的时候，我刚从隔壁班上完课，有好几个学生跑过来找我，一脸无辜地说道：“老师，老师，小明最近很不正常，向他借个什么东西或正常说话，他都脾气很大，有时还拍桌子，老师，你管管他吧！弄得我们现在都不敢和他说话了！”我听后感到很纳闷，这个学生平时很活泼啊，课下经常与同学打成一片，最近是怎么了？于是，我决定进班里去看看。有学生见我来了，原本围在一起的，都飞快地跑回自己座位上去，其他学生看我向小明走去，都偷偷看，并且带着一丝坏坏的笑。我心想这学生一定是有什么事瞒着我。我见小明坐在自己位子上，低着头不说话！

我立马问道：“小明同学，你最近怎么了？是哪不舒服吗？给老师说说，看看我能不能帮帮你！”

“老师，我没事。”他小声答道。

这时其他学生都笑着起哄道：“老师，他失恋了！”

“失恋了，他和谁谈恋爱啊？”其他学生都笑而不答。

他自己则用两只手捂住脸，低着头不说话！于是我立马把他喊到一个没人的僻静处，问道：“说说，这是怎么回事？”

他还是不说话，“你不说是吧，那好，我现在把你交给学校来处理。

走，去教务处去！”

“老师，别去！别去！我说，我说！”他急道。

“你和谁谈恋爱？”

“老师，是隔壁班的那个女生。”

“她叫什么名字？”

“小丽（化名）。”

“你们什么时候开始的？”

“就刚开始啊，才没多久呢，不到一个月呢。”

“你懂什么叫谈恋爱啊？”

他低头不语！

“你才多大一点啊。”

“你懂什么叫爱吗？爱不代表喜欢，爱是要付出的！你现在年龄还小，你们只是彼此之间产生好感，并不算是谈恋爱！”他低头不语，我继续说道：“像你们这个年龄，身体正处于发育的高峰期，也是精力最旺盛的时期，正是学习的好时机，不要把精力浪费在这上面！”他一直站在那儿不说话。

“你是怎么认识她的呢？”

“我们是小学同学。”他终于开口了。

“你折的千纸鹤是送给她的吧？”

“嗯！”

“你当初还骗我，说是什么送给男同学，我当时就觉得不对劲！”

“你爸妈把你送到学校来是想让你好好学习的，是想让你将来有出息的，你们现在只是同学之间相互有好感而已，这属于正常心理范畴，不要误以为这就是爱情，再说你现在有钱供养她的一切吗？”

“我有钱！”他据理力争。

“你那钱是你爸妈给你的，他们不给你钱你从哪弄钱呢？”

“你现在要是不好好学习，将来挣不到钱，连自己都养不活，更不要说孝顺父母了，也没有一个女孩子会喜欢你，懂吗？”

“这事不可以再往下发展了啊，就此打住啊，要是不听话，我就通知你爸妈来把你领回去。”

“老师，你先别给我爸妈说，好吗，我改，行吗？”

“这可是你自己说了啊？我看你的表现啊，下去吧。”

我原以为这事就此算是告一段落了，哪知过了一两个星期之后，我们班管宿舍的女生交给我一份情书，我一看居然正是写给那个女孩的情书。管宿舍的女生告诉我，这是那个女孩晚上在床上看情书，被她看见了没收的！于是我决定再次找小明同学谈话。吃完晚饭的时候正好碰见他，我连忙喊道：“小明，过来，我有个事要问你。”“老师，你叫我吗？”他跟着我走来。

“你最近还有没有和那个女孩保持联系啊？”

“老师，我没有了！”

“真的没有？”

“真的没有！老师，我发誓！”

我在想，现在的孩子真不简单，没有抓住他的把柄，他是不会承认的。于是我继续问道：“你不承认是吧？我可是有证据的啊。我提示一下，你有没有给那女孩写情书啊？”

“老师，真的没有。”

“实话告诉你，情书就在我包里。”我拍拍手提包说道。

“要不要我拿出来念给你听听啊？”说着，我拉开包，伸手拿出情书，准备打开，他连忙抢着说道：“老师，别念，别念！不是我给她的。”说着脸红起来，低下头来。

“那是谁给的？”

“是小刚（化名）给她的。”

“小刚也喜欢她？”

“不是的，是他帮我送的。”

“还有谁帮你送过？”

“还有小王（化名）。”

“不错，你还有替你跑腿的啊！”

“你一定想知道这情书是怎么到我手里来的吧？”

“嗯。”他好奇地望着我。

“这是那女孩在宿舍看情书时，被生活老师发现了，没收了，生活老师交给我的！生活老师还准备把她送到学校德育处去呢。”我骗了他一下。

“啊？”他显得有些吃惊！

“你为什么不听老师话呢？上次不是说过了这事就此打住吗？”

“我喜欢她！”

“你为什么喜欢她呢？”

“我们小学时是同桌，那时她帮助了我。”

“人家帮助了你，你就这样‘恩将仇报’啊？你这是害她。”

“我没有啊？”我见他没有悔改的意思，于是继续吓唬他！

“你没有？你知道吗，现在生活老师要把她送到德育处去，而且隔壁班的班主任也知道了这件事，她很生气，她说‘他自己不好好学习，还影响我们班的学生，我非要把他送到德育处去，让那里的领导好好收拾他，小小年纪不学好来着！’后来被我劝阻下来，我说我先教育下，看他听不听，不听再说。她这才没找你。”

“啊？有这么严重？”

“你才知道啊！隔壁班班主任还没有找你吧？”

“没……还没……”

“你还不知道吧，那女孩家长也知道了这件事。听说那女孩家长好厉害，和他住在一起的人都怕他，她家长今天上午找到学校来了，说要收拾你，你没听说？”

“没……没……听说。”他身子有点抖，摇头说道。

“那女孩的爸爸长得好高好壮，人很凶的，他说‘我倒要看看是哪个小兔崽子，敢影响我女儿学习，我非敲破他的头！’”我看到他警觉地摸了下自己的头顶。

我继续说道：“我和隔壁班的班主任反复劝说，那女孩她爸才平息下来，他说：‘好，这是在学校发生的事，我相信你们老师能处理好这件事，要是处理不好，我非打他一顿再把他送到派出所去关起来。’”

“老师，我改，我真的改！”他哭着喊道。

“你爸妈要是知道这件事，会不会打你？”

“会的。”他哭道。

“你看，人家小学时帮了你，你现在反而来害人家，你要是耽误人家学习，考不上高中，怎么办？这不是‘恩将仇报’吗？况且，你们谈恋爱，双方家长都不会同意的，她爸还要找你呢？她班主任也要找你，生活老师也要找你！也影响你学习呢？”

“嗯，嗯！老师，我一定改，我改。”他哭道。

“好，老师相信你，要是不改的话，我就把你交给你爸妈和女孩家长了！”他不住点头。

“好了，回教室去吧！”他一边走一边擦眼泪。

我想这下他应该怕了吧，过了些时候我再回访，果然没有再发展下去了！通这件事使我认识到，现在的小孩子，很精明的，事情没有切实的证据时，他不会轻易承认，批评他他也不会服气，依然我行我素！而且事情发生之后，要让他知道严重的后果，让他从内心知道怕，才能对他有警醒的教育作用。教育他的过程其实就是和他斗智斗勇的过程，批评他要找对时机。

七、要注意安抚技巧，消除感情隔膜

批评必要时可以采取适当的方法向学生表明为什么要批评，为什么要这样批评，以消除感情上的隔膜。对确属自己认定事实有误或批评过火，要坦诚地表示歉意。但是，批评后一般不要立即找学生解释，也不要一边解释一边否定先前的批评，否则，不但不利于学生认识错误、改正错误，还会有损教师自己的威信和尊严，影响教师在学生心中的形象，危及今后的教育教学效果。

总之，在批评教育学生过程中，教师要考虑到“时”“地”“度”三个因素。只有做到“适时”“适地”“适度”，教师的批评才能令学生心悦诚服，才能收到事半功倍的教育效果。特别是现在的学生信息比较灵通，知识面比较全，不能把他们作为单纯的小孩子来看了，因此批评更要注意方法，批评时一定要把握住重点。

参考文献：

[1] 白铭欣. 班主任的科学与艺术[M]. 北京：华龄出版社，1996:59-60.

[2] 朱德全，易连云. 教育学概论[M]. 重庆：西南师范大学出版社，2003:34.

[3] 刘来喜. 例谈初中班主任德育工作有效策略[J]. 教育教学论坛，2013(10):16-17.

[4] 严金洪. 提高初中班主任德育工作实效性的对策漫谈[J]. 新课程(中学)，2013(03):8-10.

[5] 沈宇宏. 中学任课教师参与班级德育管理的现状分析和对策研究[D]. 华东师范大学，2006:6-10.

她终于笑了

——一例初中生德育成长案例

陈　露

一、案例背景

（一）学生基本情况

1. 个人情况

小敏（化名），女，13 岁，初一年级学生，中等个子，住宿生。经常愁眉不展，与一般学生相比，头发较凌乱，衣着较不整齐，教师与她交谈时，说话声音小而且语速急，令人感觉到她处于焦躁不安的状态。她经常声称自己肚子痛、头痛、头晕、感冒而到医务室看校医，并且要求家长接她回家看医生和休息。

2. 在校情况

在学校遵守纪律，学习成绩在班级中下游，学习很认真刻苦，但是动作非常慢，所以作业经常无法完成。总是自己坐在座位上写作业，很少在课间与其他人聚在一起聊天或者玩耍，与班里同学无明显矛盾，但也无固定好友。早上、下午、晚修前经常迟到，每次离开教室回宿舍，都会把几乎所有的东西收拾好带走，上课时又气喘吁吁地背着大包小包回到教室。宿舍的内务卫生情况不理想，很难达到学校的标准和要求。

2. 家庭情况

小敏为独生女，家中一共五口人，分别是爷爷、奶奶、爸爸、妈妈和小敏，他们目前住在同一个房子里。由于父母工作比较忙，所以从小小敏是由爷爷奶奶带大的。又因为小敏是独生女，所以爷爷奶奶格外地疼爱。从小到现在，从来没有做过家务。在小学的时候，爷爷奶奶接送上学和放学，连书包都是爷爷奶奶帮忙收拾。虽然父母很想培养孩子的独立性，但是平时小敏与爷爷奶奶相处的时间很长，而且爷爷奶奶又特别疼爱孩子，看不得孩子受一点苦，总是帮着孩子干活。所以父母虽然想培养孩子的独立性，也无可奈何。

（二）原因分析

1. 家庭原因

小敏的成长主要是隔代抚养，爷爷奶奶对她更多是溺爱型的教养方式。由于父母碍于长辈的面子，而且可能本身对孩子也比较疼爱，所以家庭的教养方式总体以溺爱型为主。由于从小缺乏锻炼的机会，这也导致了小敏的独立生活能力比较弱，做事拖拉，效率较低。

2. 学校原因

从小学升入初中后，就学习方面而言，初中的学习任务与小学相比，一下子多了道德与法治、历史、地理和生物这四个考试科目，对于学生而言都是全新的学科，学习压力沉重不少。而升入住宿类的初中，更考验学生独立生活的能力。在学习和生活两方面的双重转折下，不少学生在这个阶段会出现适应不良。而小敏更是从爷爷奶奶、爸爸妈妈组成的“四人护航”模式，直接过渡到“一人独立”的生活和学习模式，所以小敏适应不良的情况十分明显。

3. 个人原因

小敏性格比较敏感，自信不足。在青春期这个特殊的阶段，更加在意他人对自己的评价，而且由于生活和学习方面的效率都明显慢于一般的同学，所以班内有部分同学在背后议论小敏，这更导致了小敏的退缩行为，希望可以回到家这个安全的避风港里。

二、辅导过程

1．班级层面

（1）营造积极向上、互帮互助的班风。

利用学校组织的集体活动，例如班际篮球比赛、拔河比赛、校运会、才艺展示大赛、爱心义卖活动、社会实践活动等集体活动，增强班级凝聚力和向心力，增强学生之间的情感联结，引导学生关心和帮助班里需要帮助的同学。在班里树立热心助人的学生榜样，号召同学们学习这种精神。

（2）利用师友结对的方式，帮助小敏更好地适应初中的学习和生活节奏，收获友谊。

从班里选出成绩优异、生活能力强、性格温和的女生小雯（化名）作为小敏的同桌和小师傅，并告知她们，从现在起，两个人在学校的表现是捆绑评价，如果小雯在生活和学习上尽力帮助小敏，小敏能够虚心学习，努力追求进步的话，期末时小雯将获得“优秀小师傅”的光荣称号，小敏将获得“优秀小徒弟”的光荣称号。此后，经常可以看到小雯在课间时候指导小敏学习，小敏则认真听讲，虚心学习。

（3）班主任积极关注小敏，经常给予积极暗示。

班主任定期找小敏谈话，让小敏谈谈自己这段时间以来进步的地方，从而引导小敏多关注自己积极的一面，做出积极的自我暗示。当小敏谈到自己进步的地方时，班主任采用正强化的方式，及时给予肯定，以引导小敏产生更多的正面行为。

（4）给予小敏展示自我的机会，树立自信心。

班主任根据班级的需要和小敏的实际情况，为小敏设立了图书角管理员一职，专门负责每周整理一次班级图书角的杂志和书籍。班主任每次看到井井有条的图书角时，都会在班级里肯定小敏的付出，增强小敏的自信心。

2. 家庭方面

（1）全家人统一思想，一致行动。

请小敏父母到校，把小敏在学校的情况具体、如实地告知家长。希望家长可以明白，必须家校合作才能更好地促进孩子的发展。同时告知家长，家庭里的教育理念一致、行动一致，才能让孩子没空子可钻，才能更好地促进孩子的成长。请父母回家与爷爷奶奶坦诚沟通，就小敏在学校遇到的问题在家中展开一次四个人的深刻探讨，统一四个人的教育理念，做出分工，互相配合。

（2）指导孩子做力所能及的家务，增强孩子独立生活的能力。

周末时，父母在家中可以选择一些与学校生活息息相关的家务与孩子共同完成，例如洗衣服、晾衣服、整理床铺等。在一起完成的过程中，既能培养亲子感情，又可以根据孩子完成的情况做出指导，还可以提高孩子处理生活事情的效率。

（3）在思想上充分尊重孩子，相信孩子，培养孩子的思想独立性。

周末在家中，把孩子力所能及的事情还给孩子处理，例如收拾书包、周末的时间安排等；不要因为孩子不够成熟，容易出错，所以剥夺了孩子规划自己生活的机会。孩子需要的是指导，而不是包办。

（4）采用系统脱敏的方法帮助孩子适应学校生活。

由于住宿生每周住宿时间为五晚，从周日晚到周四晚。所以请家长与孩子约定，前半学期每周二傍晚接孩子回家吃饭和休息，然后周三上午按时送孩子回校上学。到了后半学期，变成单周周二傍晚接孩子回家吃饭和休息，双周周二傍晚家长送汤来学校。到了第二学期，前四个星期是单周二傍晚接孩子回家，双周周二送汤来学校。之后，调整为每周二送汤来学校给孩子，不在正常住宿时间接孩子回家。逐渐让孩子适应学校的生活，避免孩子产生过于强烈的情绪反应，进而引发退缩行为。

3. 宿舍方面

（1）找准“最近发展区”，小步子促进学生进步。

请生活老师首先放宽对小敏住宿内务的要求。以小敏目前的内务水平作为起点，学校规章制度的要求作为终点，根据小敏的适应情况，在起点和终点之间划分几个小阶段，然后指导小敏慢慢地逐个完成阶段任务。每次小敏达成一个阶段的任务时，请生活老师给予及时的肯定和鼓励，增加小敏的自信心。

（2）舍友互助。

在宿舍里选出几个比较热心助人的女生，请她们在宿舍里多留意小敏的情况，看到小敏有困难时，及时给予帮助，帮助小敏更好地适应学校的住宿生活。看到小敏情绪低落或者烦躁时，多关心和陪伴，并且把情况转告班主任。

4. 科任老师方面

（1）课上激发学习兴趣，增强学习信心。

请科任老师在课堂上营造相对轻松愉快的氛围，激发学生的学习积极性和学习兴趣。平时多关注小敏的表现，对小敏积极的课堂表现及时给予肯定。在课堂上，多提问小敏目前学习程度能回答的问题，增强小敏的学习信心。

（2）课后单独辅导。

在课后，每个科任老师可以根据自己的学科特点和小敏的情况，在课后给予单独的辅导，帮助小敏巩固所学知识，指导小敏掌握科学的学习方法，以提高学习效率。

三、实施结果

经过一年的努力，小敏目前已经完全适应学校的生活。在学习上，小敏能紧跟老师的节奏，相比开学初经常无法按时完成作业，现在只是偶有作业无法按时完成的情况。宿舍方面，小敏已经基本能够达到内务要求。生活方面，小敏学会了自己安排每次回宿舍所带的物品，不再一股脑儿地收拾好带走。小敏对自己也更加自信，不管是与同学还是老师谈话，都不再是愁眉紧皱、焦虑不安，而是露出了温暖、从容的笑容。

根据家长反馈，小敏在家中也更多地自主安排自己的学习时间和娱乐时间，主动提出帮助家里做一些力所能及的家务等。

四、突破性成绩

对于学生的问题，与班主任一个人单打独斗相比，多方配合的跟进教育，可以促进学生更多维度能力的发展。班主任单方面的跟进教育，只能解决事情本身。而如果加入了更多方面的配合教育，就如多种元素共同作用在学生身上，将会发生美妙的化学反应，可以产生更多意想不到的教育惊喜。就如本案例中的小敏，经过班主任、家庭、宿舍生活老师、科任老师、同学等各个方面的努力，她不仅适应了初中的学习和住宿生活，也培养了独立生活的能力，更重要的是培养了思想上的独立意识，目前已经有意识和能力规划自己的生活和时间。并且这一教育过程完善了她的个性，全方面促进了她的成长。

五、经验总结

1. 在处理学生的问题时，可以参考和借鉴心理学和教育学的方法，会达到更好的效果。就如本案例中，应用了心理学中行为主义的正强化和系统脱敏、人本主义的积极心理暗示等方法，还借鉴了教育学中“最近发展区”的概念和“小步子”教学的方法。

2. 统一教育目标，多方围绕同一个目的而互相配合，各司其职，教育的效果会更加有效和持久。

3. 教育不是一蹴而就的，需要一个漫长的过程，要给予足够的耐心。就如本案例中的小敏，多方跟进大概一年的时间才能产生比较好的效果。所以一定要“细心灌溉，静待花开”。

参考文献：

［1］郭正，李文玉清．心理辅导个案示例与启迪 [M]. 上海：上海社会科学院出版社，2007.

［2］刘儒德．班主任工作中的心理效应 [M]. 北京：中国轻工业出版社，2012.

第4章

德育故事

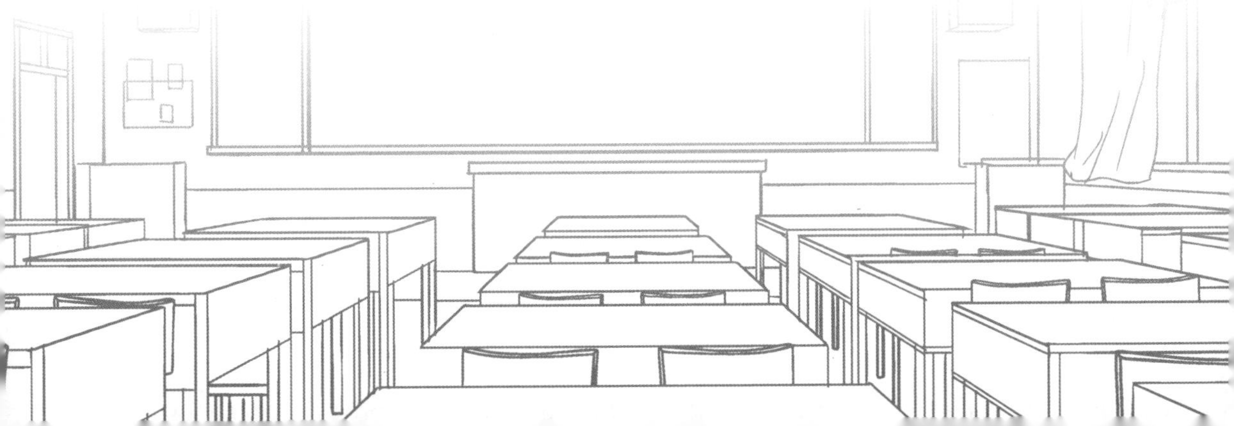

平实的付出，丰硕的收获

陈晓丽

上午，毕业典礼的结束，意味着又一届初三毕业生圆满完成了学业，我的班主任工作也暂时画上了句号。回想走过的路，做过的事，有许多艰辛，但更多的是喜悦；有许多心酸，但更多的是欣慰。

还记得，我们正式见面的第一个晚修，我请班上几个同学帮忙打扫教室卫生，当时有个别同学无奈地接受，有个别同学甚至不动，辩驳道："为什么是我？我不想做。"一年后，地点不变，人物不变，在布置中考考场的时候，大家搬上搬下，汗流浃背，还不停地问我："还有需要帮忙的吗？"我让大家休息一下，耳边却传来声音："大家快点！最后一次能帮老师了！"关门的时候，你们问我有没被感动，我笑着说："没有，本来就是你们应该做的事。"其实那是假话，看到大家的变化，我很欣慰！

还记得，当我面对有些同学的屡教不改而气愤不已时，小孟（化名）跑过来问我："老师，你觉得我好还是他好？"我很惊讶，虽说每个学生都希望老师对他有个好的评价，但我没想到你会这么直白地问。那一刻，我也就不加思索地说道："你好太多了，看到有东西砸到老师，你第一时间跑过来问我有没有受伤，说明你这人有良心；每次值日，都没见你迟到，而且从不被扣分，说明你有集体观念；虽然你学习基础差，可是上课遇到会的问题时，你还是会大声回答，说明你不甘落后。我觉得你现在变懂事了，而且会越来越好。"你很骄傲，很开心："那是必须的！"让我出乎意料的是你真的愿意一点点改正，一点点进步！这也让我明白了赞美的重要性。

还记得，得知有同学跑到校长面前告我一状的时候，我心里是多么的心酸。不久前她跟妈妈闹矛盾，关在房间不肯出来吃饭的时候，是我到她家里牵着她出来；她和同学闹矛盾，是我当她们的和事佬；她不愿读书，闹退学的时候，是我一路开导她、辅导她……到头来，她因为个人的利益把责任推给了我。那一刻，我的心是寒的，我反问自己："值得吗？"毕业典礼的前几天，我接到她的电话，她哭着说："老师，谢谢你一直以来对我的付出，我这一辈子都不会忘记你的！"毕业典礼上收到她的卡片，卡片上写着"致一生难忘的老师……"我不知道这里面包含多少真心，但毕竟这条路我还得继续走，也就说服自己：知足了！

还记得，我得知副班长犯错，没给予足够的重视，总觉得他是个优生，就只是稍微提醒了几句。但没隔几天，他再犯同样的错误，并且情节更加严重，而且在我了解情况的时候还带有欺骗。我当时非常气愤，气自己一开始的纵容，气自己对他的信任换来欺骗。我找到他狠狠地批评，并甩下一句气话就走了："接下来你爱干吗干吗，我也管不着你。"这可能是我对你们最伤心的一次批评。第二天，我在办公桌面看到他长长的道歉信，满满的歉意，满满的自责。但我不能那么快就原谅他这一次的行为，也想借此给其他同学一次警告：不能利用别人对你的好，不能利用别人对你的信任。过后也听说了他们一个宿舍的人都在替他出谋划策怎样让我原谅他。放学后看到他在教室外等我很久，听完他的认错，我这才原谅了他。其实对整件事情，我心中也没有十足的把握，也担心到最后不了了之。不过还是谢谢你们心中有我，在乎我这个班主任的感受！

还记得，中考最后一科送你们进考场前，你们大喊："晓丽无敌，我们爱你，十班有你，中考胜利！"我被你们震惊了！你们瞒着我把口号改了，怪不得我说其他班都改口号为背化学元素周期表，我们也改改，你们说什么也不肯，原来是有这层用意。谢谢你们的用心！

还记得每次给你们过完生日的时候，你们总追着我问我什么时候过生日的场景；还记得每次班级受表扬你们在我面前炫耀的场景；还记得你们在我面前要"无赖"、卖萌的场景……

往事一幕幕，谢谢你们在这一年里给我留下这么多难忘的回忆！平实的付出，丰硕的收获！

只有用童心才能理解童心

陈嘉欣

记得那是一节历史课，班上同学都在认真听讲，只有一个小头不和谐地低着，那是小阅（化名）！一个成绩中等，性格有点倔强的女孩。此时的她正偷偷地看一本小相册！我当即就把相册给收了。这本相册的扉页是小阅和一只小猫的合影。相册里面是这只小猫形形色色的生活照。原来，她不听课是为了看宠物照呀！我真得跟她谈一下。

放学后，小阅来到办公室。她硬邦邦地说了一句："老师，我要拿回我的相册！"我一听就有点儿火了，上课不专心听讲，还一点反思的迹象都没有！我开始质问她为什么要利用上课时间看相册。但她只是咬着嘴唇，一言不发。我更火了，"好，你不想说可以，那就写一份说明吧。"二十分钟过去了，我走到她身旁，发现文稿纸上竟然一个字都没有！但此时已经接近 6 点了，我只能按捺住内心的怒火，交代她明天放学继续来找我。此外，还不忘语重心长地对她说了一句："学习是学生的天职，希望你能好好反思。"

小阅离开后我还在为她的事纠结着。她今天怎么了？虽然不是班上最优秀的孩子，但平常表现还是可以的呀！难道是遇到什么特殊的事了？

于是，第二天早上，我找来了小阅最好的朋友，问她关于小阅的事。她告诉我：上周末，小阅家里的小猫死了，她为此而非常伤心，在家里哭了两天……原来事情是这样的呀！我的心一下子沉了下来，回想起积极心理学所说的：每个孩子都有一个丰富而美好的内心世界。我差点因为自己简单而粗暴的处理方式扼杀了这颗善良的童心。那我该如何弥补呢？此时，办公桌上两只精美的陶瓷小猫启发了我。

中午放学后，小阅又来了，我把相册连同一只陶瓷小猫放在她的手心，并温和地对她说：“老师知道你的事情了，也很理解你现在的心情，这只陶瓷小猫送给你，希望它能代替你的小猫守护你！另外，老师昨天没了解情况，希望你能原谅我。”我看到小阅眼睛里滚出了泪水。我用纸巾帮她把泪水擦掉，并轻轻地拍着她的肩膀，此时的她开始泣不成声……

第二天，我桌面上多了一封信，小阅在里面写了这么一句话：“老师，我错了，错在上课不专心听讲，错在倔强地抵抗您的教育，更错在我以为老师您不会理解我……”

那时候，我才深深地感受到，原来，一切“语重心长”的教育都抵不过师生间心与心的沟通。教育的世界应该是一个充满童话的世界，教育的世界应该是童心飞扬的世界，教育的世界应该是让孩子的童心绽放出花朵的世界！

世界上没有一朵鲜花不美丽，没有一个孩子不可爱。孩子的童心需要呵护，我们只有用童心才能理解童心。

特别的爱给特别的你

方晓佳

单亲家庭孩子，是一个特殊的群体，也是一个容易被我们所忽视的群体。从教育的角度看，相亲相爱的父母、和谐的家庭人际关系会对学生，尤其是初中学生的正常、健康的心理发展产生不可替代的积极影响。反之，一个没有完整、稳定的家庭的学生，其心理的发展容易产生偏差，思想、行为上也会常常出现这样或那样的缺陷。我今年所带的班级中，有好几个单亲家庭的学生。通过一年半的班级工作实践，他们给了我太多太多的感悟。我关注着他们，与他们一起成长；一路走来，我有很多感慨。我始终相信：爱创造了教育，没有爱就没有教育。对于单亲家庭的孩子而言，关爱比任何一件事情都重要。

一、真心关爱，抚慰心灵的创伤

拥有和睦的父母是家庭健全、完美的表现。失去了这种完美，孩子生活的世界就会没有了色彩，他们会感到孤独、无助、忧郁、无所适从……以至于自我封闭、排斥他人、颓废消极。此时，老师要及时发现问题，协助他们走过人生中最艰难的这段时光。对于这些失去家庭温暖的孩子来说，他们不是不懂得道理，而是他们懂得的道理太多了。我们不需要给予他们太多劝说，他们需要的是倾听、鼓励、关爱和支持。我们班有一个女生邓同学，她父母去年离异，目前她随父亲一起生活。但她的父亲在广州上班，半个月才能回一趟家，平时周末她都是与哥哥一起。她的父亲很关心她，时常会通过微信向我了解她的情况。但是对孩子而言，家庭的变故让她一度变得沉默不语，不愿与同学交往谈心。单亲家庭孩子由于父母离异，所处的环境，特别是他们每时每刻生活的班集体对他们来说非常重要。于是我有意识地引导她参加班级的各种活动，鼓励她和同学们一起去完成分配工作，比如出黑板报、制作运动会海报等等。平时寻找机会帮助她、关心她，让她感受到集体的温暖。对于家庭的变故，引导她理智地看待，使她认识到这是父母选择的生活，不是她的过错造成的结局。作为孩子不要过多地指责父母，最重要的是走好自己的路。同时我也加强与家长的沟通，希望家长周末多回家和孩子聊聊天、谈谈心，关心孩子的学校生活。再忙也可以打个电话、视频，言语中要充满关切。这会令她感到愉快。

二、支持鼓励，扬起教育的风帆

单亲孩子由于缺少父母的关爱，加之心理调控能力和自身社会适应能力不强，因此常常表现出一系列不良的个性心理特征，如孤独忧郁、散漫放任、偏执多疑、骄横霸道等。单亲家庭学生的这些表现如不及时矫正，定会在学生群体内蔓延，既妨碍了优良班风的形成，又严重地影响了青少年一代的健康成长。我们班有一个男生王同学，自小父母离异，单亲妈妈因家庭的变故感到愧对孩子，在感情上有补偿心理，放松对孩子的教育。在一年多的相处中，我慢慢发现王同学身上的一些性格缺陷，常表现为自控力差，喜怒无常，逆反心理重，行为过激等。在学习生活中，违纪不断，如常常迟到、课堂顶撞老师撕试卷、课堂与同学吵架、旷课等等。对这种学生的教育转化工作就不是那么容易出现成效的，常常是昨天刚教育过，今天又再次犯错。他的母亲自小溺爱孩子，觉得管不了，即使很生气也不知怎么办才好。班级工作中，我觉得跟这种类型的学生做教育转化工作，要斗智斗勇，十八般武艺都要使出来。在多次教育无效的情况下，我请他的母亲来到学校，并让各科任老师一起座谈。在谈话中，每位老师都向王同学表达：单身母亲很伟大，懂事的孩子应该体谅父母，不让父母担心。没有批评，都是情深意切的劝告。王同学在老师与妈妈面前低下头，意识到自己的不懂事。其实，这样的座谈会反而拉近了王同学与老师、父母的距离，学生放松警戒，放下敌意，很多真实的话就会说出来，也更有利于老师进行教育。

时代在进步，社会在发展。在平时的工作中，我们不可避免地会遇到单亲家庭的学生。对于这部分比较特殊的学生的转化是班主任工作的重要内容。我们要在尽量不伤害学生自尊的基础上，根据学生的不同情况做好工作，使学生真正摆脱内心的阴影，使他们朝着健康的方向发展。

花开的温暖

郭倩虹

小芳（化名），她是一个怀着梦想的女孩，她说自己是一朵静待开放的花，这样的自信，这样的阳光，她的故事，像极了花落和花开的过程。

又一个充实的下午，看着学生们满怀信心地走出课室，想必他们还在回味这一天的课程给她们带来的乐趣，这时小芳拍了拍我的肩膀，说："老师，你上的课既有趣又有重点，实在是不错，你是怎么做到的？"我想这个历史的"尖子生"，连评课的能力都具备了，心中窃喜。我说："相信你也可以给同学们做小老师，辅导他们。"她听了，开心地笑了，脸上露出了浅浅的酒窝。小芳是我们班成绩中上水平的学生，作为班主任的我知道她是单亲家庭成长的女孩，但是她一点也不带忧伤和烦恼，每次看到她，她总是叽叽喳喳地告诉我其他科的课堂上发生的趣事，时不时还会逗我笑，我觉得她就是沐浴在阳光下含苞待放的蓓蕾，充满希望和正能量。

直到有一天晚上生活老师打电话给我，说小芳利用午睡的时间，偷偷起床装作上厕所把舍友杂物柜里的钱和零食偷走了。我觉得这是不可能的事，便问生活老师是不是认错人了。生活老师说，本来她不愿承认，后来骗她说有监控，是可以调查出真相的，她才承认了。当然，据生活老师反映，是有同学亲眼看到她偷偷拿了别人的零食的。生活老师说已经联系了家长，也让她写了保证书，就让我看看后续怎么处理。那天刚好气温骤降，寒风中夹着细雨，本来热闹的教学楼走廊显得分外安静。虽然下课了，但是同学们还不愿离开课室，也许因为外面太冷了。我心里有千万个想法，想她是不是因为家庭出现了严重的经济问题，或者是她只是一时嘴馋忍不住拿别人的，或者是她会跟我说那是帮她弟弟拿的钱……离课室越来越近了，我的心也跳得越来越快，因为我预感到这件事情似乎并没有那么简单。我让小芳出了课室，在走廊，我尽量压低了声音："你前天是不是偷了宿舍同学的零食和钱？"她睁大了眼睛看着我，说："你怎么知道的？"我问："为什么？"她的眼睛突然就红起来了，眼泪不断地在眼眶里打转，她使劲地摇头，意思是不想我问下去。我轻轻地拍着她的肩膀，说："没事的，人无完人，连孔子也会犯错，更何况是小朋友？"她忽然抱着我，哭着说："我有偷窃癖！我看过医生，医生说不能医治的，他让我自己抑制自己，可是我做不到！我看到别人的东西就想拿。"我内心一直否定的事情原来是真的，不管怎么样，我紧紧地抱住她。虽然风停了，但外面下起了大雨，大雨击打着花坛中的蓓蕾，也洗掉了我内心的迟疑。我轻轻地说了一句："不怕，一切都会好起来的。"为了让她感觉到老师还是会保护她的，我取得了家长的联系，经过沟通后，家长承诺会长期地跟踪和配合心理医生的治疗。后来，她上我的课一直不敢抬头看我，我想既然小芳现在是需要我和同学们的帮助的，我就应该挽救她本来一尘不染的心灵。在周记留言中，我安慰她，写道："写了保证书就要履行你的承诺，不要忘记了你曾经灿烂的笑容。"我还画了一朵带着笑脸的小花。

然而，我知道她的病不是短期内可以根治的。我很清楚单亲家庭对于一个孩子意味着什么，我尽力帮她申请资助秋游的资格，帮她争取街道的奖学金，偷偷存入她妈妈的账户，把对她的关心不动声色地传递给她，不想给她一点点压力和困扰。但是，不好的事情再次发生了，她趁着同学们去上体育课时偷偷地走回课室，翻同学们的柜子。这件事是巡堂的老师发现后告诉我的，我当时以极其平和的语气去向她了解情况，问她体育课有没有回课室。她的眼神和表情丝毫没有破绽，她眨巴着眼睛，仿佛在说我一定是误会她了。我用近乎威胁的口吻对她说："我已经知道了真相，有同学说她亲眼看到了，你在翻班里同学们的柜子。"她迟疑了一会儿，说："对不起老师！我会改的，老师，再给我一次机会！"同时她拿出了早就准备好的说明书和周记本，在周记本里面画着一朵粉色的雏菊。那花富有朝气，我坚信花落，花会开，她正展现着茁壮成长的力量！

过了一个月，班上的同学反映自己在上体育课时丢了的钱，居然在柜子里找到了，同学们都说："好神奇呀！"在圣诞节，每位同学都收到了一朵手工做的粉色雏菊，大家难得地有默契，口头上都说不知道是谁做的。那天的课室里弥漫着一种温暖——花开的温暖，而同学们都在周记里，感谢小芳给他们的惊喜。

师生情

梁宝耀

陶行知先生曾说："爱是一种伟大的力量，没有爱就没有教育。"教育的最有效手段就是"爱的教育"。

在高中时，我已经对师范教育和教师工作有了初步的认识。进入大学后，投身专业学习的同时，我也时常问自己："什么是教育，如何才能做得好教育？"而在工作之前的教师面试中，我在我的简历上打印上醒目的一句话："'惢'的教育——爱心、用心、责任心。"

现在工作了八个多月的我，每日都在教育教学一线，是名副其实的教育实践者。在工作中，我不断思考着该如何去教育、怎样做好教育。看见学校这么多教育工作者，不同的人以不同的方式诠释着教育。但是，我认为凡是缺乏爱心的教育工作者，他们都是做不好教育的。我坚信，教育里最重要的就是"惢"的教育——爱心、用心、责任心。

虽然，我的教育故事在很多经验丰富的教师眼里不值一提，但正是这些故事点燃了我心中对教师工作的热情与热爱，它们是我的工作幸福感的源泉。

"教师节快乐"

我于去年的九月一号正式参加工作，接手初二（10）班。十天后，10班的学生给了我一个难忘的教师节，让我这个年轻的教育工作者深深地感受到教师职业的幸福感。

一张张全班签名的卡片，一张张学生亲手制作的贺卡，一颗颗糖果，一片片写着祝福的落叶……学生毫无保留地用它们的不同心思与方式，表达了他们对教师的敬爱。最后，我们留下了难忘的合照。

看着这一张张青春的脸，看着他们课间嘻哈打闹，经常在你面前做出带点幼稚的有趣行为，你会发现，他们能给你带来无限的欢乐。

工作了十天的我，在教师节那天，有这样的感触：感谢 10 班的孩子给了我一个难忘的教师节，这不是理所当然的，这是孩子们的爱，是孩子们对教师的尊重。那一刻，我感觉到无比的幸福。

孩子们所犯的错，我都可以去原谅，都可以去教育，都可以去慢慢引导。因为，我是爱他们的，我会用“恕”去教育学生。

“无处不教育”

自从参加教育教学工作以来，我养成了一个习惯——我的教育是不分时间，不分地点的。为什么这么说呢？课堂、课后都是我的教育时间，球场、跑道都是我的教育场所。这才是真正地去践行教育。教育不是在学生犯错的时候才去进行的，只要与学生有接触、有交流就可以进行教育。

我的教育很特别，我会从学生的角度出发，从他们的思维出发。在教育中，我会跟男生搭肩膀，增加彼此的感情，让学生感受到我是作为一个朋友式的老师去跟他们交流，帮助他们处理问题。

我会利用早读、午读或晚修时间随机找学生出去聊天、谈心，了解他们最近的学习生活，这也代表了教师对他们的关注与关心。针对不同的同学，我会选择不同的聊天内容，会有学习方法、学习积极性、学习的重要性、人生目标，等等。这样做主要是希望通过聊天来打开彼此的心扉，也希望通过聊天谈话，真正的意义上帮助学生走出困境，引导他们向好的方向发展。

“晚修后，去看病”

我们班的班长是我的好帮手。在班级管理上，她帮我处理了很多事情，我也非常感激她。有一次，晚修中她生病了，病得不轻。面对这样的情况，我是绝对不可能不管她的。

在晚修中，尽力去联系她的父母，但是无果，她父母的手机都处于关机状态。我也知道她的家庭比较困难，父母的工作也不容易。因此，我希望在她需要帮助的时候，以一个老师的身份去帮助她。而这也是一个老师必须要做的，是我们的师德的要求，是我们的道德的要求。

那次，在我看来是一件很平凡的事情。九点半下班后，我开着摩托车载她去大良医院看病。看完病，已是晚上十一点半。在这个过程中，我跟我的班长聊了很多，说了很多班上的、家里的、人生的事情。

在整个过程中，我的班长更多的是内疚与歉意。因为，她觉得这个事情对我造成了很大的麻烦。特别是在医院的时候，护士在量体温的时候说：“你都 39.8 度了，还那么精神。”我是知道原因的：班长尽力在我的面前表现得很精神，努力陪我聊天解闷，更是不想让我担心。

我的教育故事

吴 冰

苏霍姆林斯基曾说过："一个好教师意味着什么？首先意味着他热爱孩子，感到跟孩子交往是一种乐趣，相信每个孩子都能成为一个好人，善于跟他们交朋友，关心孩子的快乐和悲伤，了解学生的心灵，时刻都不忘记自己也曾是个孩子。"大爱无痕，润物细无声，教育无处不在，老师的一个微笑，一个和蔼的眼神，一个爱抚的动作，一句关心的话语，都会给学生带来欢乐、带来智慧。我为学生，为事业不懈地努力着。

"天使"与"恶魔"的初次见面

带着教师育人的初衷，我开始了我的教师征程。在那个炎炎的烈日之夏，我第一次迎来了一群陌生的"小天使"。每个人的心里都住着一个天使和恶魔，为了能够唬住这群稚嫩的"小鸟"，我让心里的恶魔先释放出来，严肃的外表以及强硬的手段确实让他们乖了那么一天，之后我发现，他们心中的恶魔也释放出来了，而且较我更盛。一群、两群、三五群，就这样，本该"天使"般的他们与伪装成"恶魔"的我碰面了，第一回合以我的失败告终，并且这样失败的开始也让我在他们初一的这一整年苦不堪言。

男同学爱打架、女同学爱叽喳，教室好不热闹，而我想尽办法、使尽绝招都只是效果平平，我想这群"小天使"是来折磨我的恶魔吧。随之而来的是我办公室更是紧张，两天一谈话，三天一请"家"（家长），这样紧张的气氛让我这个伪装的"恶魔"瞬间苏醒。一支春风千万枝，"师生的和谐相处胜过教师许多的刻意教育"，我让自己心里的"天使"苏醒，试着把自己当成孩子们中的一员，走进他们中间，充分利用每次课间时分和孩子们在一起活动。

已成曲调后生情

“教育的核心问题是人格的塑造，而教育的艺术则在于习惯的养成。”输在起跑线的我只能后起直追，已成曲调后生情。

已经成型的班级让我不得不做出改变，我的变化也赢得了部分学生的喜爱和追随，班级的景象在一天天地变好，“小天使”们爱跟着我喊着冰姐，背后叫我吴大大，各种亲密无间的小动作在我们之间发生着。

爱需相随、爱需等待

然而尽管我很努力，依然改变不了那几个爱惹事、爱打架、爱聚集在一起的男孩子。在我看来，或许是有那么一股神秘的力量，在那一年的夏天让这样几个臭味相投的男孩子来到了我班上，不知是他们的不幸还是我的不幸，如今想来对于他们和我都是一段难忘的经历。他们是六个来自他乡异地的小男生，随父母工作来到了顺德读书，由于这样相同的背景，加上家庭教育方式相似，六个男孩子特别要好，然而这样的要好却并不是我们所期望的一起学习、一起锻炼、一起规划自己美好的人生。他们聚集在一起，从开始的小整班上的女生、男生，到后来恐吓威胁同班同学，再到经家长、学校多次教育、警告之后，将活动阵地扩展到校外，与校外社会青年相处，逛酒吧、黑网吧，夜不归宿，等等。在被请家长和警告不能再恶搞班上同学后，他们开始按捺不住自己的魔爪，时不时将顽劣的双手伸向他班同学。就这样，在这段请家长、学校教育、班主任跟进教育的岁月里，我与他们一起度过了两年的时光，我见证了他们每一次的闯祸，见证了他们每一次所诉说的后悔和保证，看着他们时而变好，最后又重蹈覆辙。

终于这六个男孩中有几个要开始改变这样的局面了，第一个慢慢地离他们远去，在这个过程中，他寻求了我的帮助和鼓励，度过了很长一段被其他几个孤立，以及在班上基本没有朋友的岁月。我想那是一段很不好过的日子吧。看着他的改变，我想爱需要等待下去，总会见到结果。之后的一段时间里，其他男孩子接受着我们的教育，心中有我无法理解的难受和后悔，而我陪伴着他们面对着这样一次次的历练。

几个大男孩有着不同于其他学生的坏习惯和糟糕的人际关系，很多时候回答我们犯错的原因却说自己是“身不由己”，习惯养成的失败在他们身上留下的是更多的无奈，而我作为他们的班主任，对他们不再是责骂和怪罪，安慰和关怀此时此刻对他们来说重于黄金，我努力成为他们心中“天使”般的老师，付出更多的耐心、细心和关心，虽然最终无法完全帮助他们断掉坏习惯，但是可以成为他们信任的人、尊重的人，慢慢帮助他们去改变。为了能够摆脱困境，其中的三个男孩子决定离开我们这里，回到家乡去学习，重新开始。最终的结果虽然不是最好的，但是我在用自己对学生们的热爱去改变最坏的可能。

爱是一种伟大的力量

陶行知先生曾说：“爱是一种伟大的力量，没有爱就没有教育。”教育的最有效手段就是“爱的教育”，“爱心最是有情物，化作春风更催人。”教师应当有爱的情感、爱的行为，更要有爱的艺术。

毕业后，我任教的这个班级很特别，成绩特别差、差生特别多、问题生也特别多。而我班上的前几名都是各个班前几名里名次最差的了。为了改变这种现状，我对这几位班级资优生投入了不同寻常的心血，希望她们能够改变班级滞后的局面，成为班级形象的代表，甚至影响班级里面的其他同学。凭借我的幽默和风趣，我让这几个文静的小姑娘首先爱上了我的数学课，然后一发不可收拾，她们对待数学学习的那股子热情和劲头感染了班级的其他同学，大家那个羡慕嫉妒恨呀：怎么能把数学学的这么好呢！同时，我给她们适时的指导和辅导，引导她们将学习数学的热情转移到其他科目的学习当中去。事实证明，我成功了，就是这样几个“小天使”，她们最终的“胜利”让我对在工作中所碰到的阻碍一笑置之。几个不爱说话、文静可人的小姑娘，就那样从灰暗的角落中一点一点地释放出她们的光芒，吸引着我。从班上只有两个年级前百名，并且还是八十、九十多名的境况，到如今的6人进入年级前七十，并且四人进入年级前五十，这一路来的艰辛几个惹人心疼的小姑娘从来没有在我面前说过。她们也从未停歇过前进的脚步，不断地给自己定下每一次前进的目标，在一步一步地靠近目标的过程中把我的心融化。过去伴随在我身边的日子，她们就像是我后面的小尾巴，那甜甜的一句“吴老师”至今在耳际回响。在即将离开我之际，几个小姑娘哭得稀里哗啦，胆子大的小晨（化名）宽慰她们说：“我们毕业后，会在自己的路上继续努力的，然后永远记得吴老师。”回想起那些与她们一起度过的每一个瞬间，开学第一课、一起组织第一次开家长会、第一次爱心义卖、第一次运动会、第一次秋游、第一次长跑测试、第一次一起呐喊“十班加油”的口号……那些珍贵无比的瞬间终成为我们美好的回忆。每一个节日、每一年的生日，来自她们的小纸片、小卡片都是我最宝贵的财富。付出在她们身上的爱在时间里开出了美丽的花朵，万紫千红总是春，希望近三年的教育能够使她们成人、成才，也能使她们影响和带动他人。

爱的启迪

“如果孩子是鸟，

你就是天空。

如果孩子是鱼，

你就是大海。

如果孩子是花

你就是春天。”

爱使我苦中有乐，爱使我不断学习，爱使我多才多艺，爱使我与孩子们一起成长。

教育无痕情有痕

梁丽萍

“我竞选的岗位是语文科代表。我从小很喜欢语文。如果我当选语文科代表，我一定会尽职尽责，协助老师做好科代表的工作，请同学们把你的神圣一票投给我。”话音刚落，全班同学鼓起掌声。她是我们班第一个勇敢站上讲台竞选的同学——嘉琦（化名），一个活泼、开朗、直爽的女孩。这是她给我的第一感觉。

“老师，老师，嘉琦还没有来。”值日班长一看到我进课室，马上冲上来向我汇报。今天是嘉琦组织语文早读，平常的她都是早早来到学校，今天却迟迟未到，难道是生病了？我马上电话联系她的爸爸，果然如此。

一周过去了，一切如常。直到一个电话，我又陷入了去年的阴影。“梁老师，嘉琦到我这里做心理辅导，她上周末离家出走了！”为什么她的爸爸和她一起说谎？为什么整整一周我都没有想到嘉琦的不对劲？

和心理老师交谈后，我才知道嘉琦的故事。她有一个哥哥，但她从小寄养在亲戚家。在她的童年成长过程中，没有爸爸，也没有妈妈。从那以后，我特别关注这个女孩。她的成长经历与我上一届 9 班的晓琳（化名）太相似了，她们都生长在一个重男轻女的家庭，外表活泼开朗但内心十分脆弱。但遗憾的是，当时苦口婆心的说教，换来的是我与晓琳的距离越来越远。我对晓琳夜不归宿、离家出走的教育彻底失败了。上天是否想再给我一次机会，让我走出阴影？

我没有让嘉琦知道，我已经知道她离家出走；我也没有让同学知道，那天的请假是她和她父亲在说谎。她在同学心目中，还是负责的语文科代表。在平常的学校生活中，我格外的关注这个小孩。布置班级图书角时，我让她挑选适合同学们看的小说；校运会时，我让她负责组织同学们撰写广播稿；黑板板报设计时，我让她协助宣传委员挑选手抄报……我希望通过各种各样的班级活动，让她感受到自己在班级这个大家庭的存在价值。

功夫不负有心人，在校文艺表演中，嘉琦主动请缨："老师，我们军训时表演的小品很棒，这次学校文艺表演让我来负责好吗？"

"好！"其实，我早就在国庆放假前准备了一个剧本《回家》，打算让嘉琦主演。意外的是，嘉琦选择了"老师"的角色，她来教育"离家出走"的女孩。为了不让她觉得故事是针对她的，我把晓琳的故事告诉了她，希望她能在文艺表演中，让晓琳感觉"没有什么地方比家更温暖"。的确，我更希望孩子们在排练过程中，感悟"家"的温暖，同时能让那些"夜不归宿"的小孩产生共鸣。

嘉琦每一次排练都很认真，看到同学马虎，她比谁都在意。"深刻的教育来自学生深刻的体验"，嘉琦这回仿佛成了剧本中的"老师"，我看在眼里，乐在心里。比赛前，她请我当他们的技术指导。我跟她说："走进角色，置身其中，用真情实感打动同学，甚至打动晓琳。"那一次的表演，是成功的！当他们表演结束后，齐念"没有什么地方比家更温暖"的时候，我的眼睛都湿了，虽然我不知道在场的晓琳是否有所触动，但至少触动了嘉琦——这个曾经"迷路"的小孩。

为了让这股正能量得到更大程度的传递，文艺表演活动后，我让嘉琦带领小演员们组织了一次主题班会，让大家畅谈这次表演的感受。听着嘉琦说"要换位思考，想想父母的心情""家是我们生活的乐园"时，我笑了，也放心了！

艺术处理学生问题，智慧引导学生成长，就像"春风化雨，润物无声"。我想，有心无痕的教育才是最美的教育！

我的教育故事——宽容的感悟

黎桂珊

今年夏天的6月份，顺德区初二生物会考顺利结束了。我又完成了一个循环的教学。回顾这两年的教学，有一个学生的名字始终萦绕在我的心头，他就是小威（化名）。

小威是个身材矮小的学生，但却是一个聪明仔。他的班主任说他是最让老师担忧的学生。他常常捣乱，常常说谎。班主任说的这些情况，我一开始不太能跟这个学生挂上钩，因为他在我的课堂上表现得并不明显，一直到初一第一个学期的期末考试。小威在某科考试时，被监考老师抓到他和另外一名周姓同学互通纸条，人赃并获，属于严重的作弊行为。当老师调查这件事时，周姓同学认错态度很好，写下了详细的作弊过程，并且愿意接受学校的处理。而这次作弊事件的主谋——小威，却坚决认为自己并没有作弊，并且态度很嚣张。老师请了他的家长到校协助处理，他在办公室大哭大闹，坚决认为自己没有错。他觉得通过这种方式，可以掩盖他作弊的本质。这出闹剧最终以学校处分他们二人而结束。通过这件事，小威的同班同学都清楚他的为人了，教这个班的老师们对这个拒不认错的学生也有所了解了。

在初一第二学期，为了让学生对知识点掌握得更熟练，我在课堂上设置了课前小测这个环节。按要求，所有学生在打了正钟后必须立即把笔记夹在书本中放好，进行小测。因为小威平时的生物成绩都在80分以上，在他们班成绩算中上的，因此，过去一个学期，我都没有过多去担心他。在发生了作弊事件后，我对他多了默默的关注，直到我真的发现他把笔记藏在抽屉里，在小测时偷偷地看。这次发现他的作弊行为后，考虑到他的面子，我没有立即去把他揪出来。因此，在收了所有同学的小测后，我对着全班说："这次小测，我发现了一种不好的现象——有同学把笔记放在抽屉中偷看。希望这种现象不要再出现在课堂上，有这种表现的同学也要好好反省。"当时，我注意到，小威就像没事一样，还对着旁边的同学笑。我看到这种现象，心里觉得这个学生很有问题。

接下来的课堂，小威就变得嚣张起来，在课堂小测时时不时转向后排或左右，惹周围的同学说小话。有时，当我看着他的时候，他也若无其事，而每一次我都要停下了示意他不要违反课堂纪律。直到有一天，当他偷偷跟旁边的同学说话时，我说："小威，你怎么总喜欢在其他同学都安静时说话呢？"小威马上跳起来，大声吼道："我没有说话，你不要冤枉我！"他整个脸都涨得红红的，手握成拳头。鉴于他情绪非常激动，我把他带到班主任处暂时看管后，接着回课室上课。一回课室，他们班的学生就对我说："黎老师，你不要生气，不要跟他计较，他前两天才因为在课堂上用粗口骂英语老师，请了家长过来呢！"

下课后，我到了办公室，他们班的十几个男生也涌了过来。小威当着他的班主任的面，说我辱骂他，他的情绪还是非常激动。而他们班的男生齐齐站出来作证，说黎老师没有做过这样的事。因为学生跟我说了他辱骂另外一位老师的事情，而也已经请过家长了。所以当班主任说，这次也要把家长请来时，我就与她协商，冷处理这件事情。因为在"作弊事件"和"辱骂老师事件"中，家长并没有起到作用。于是，我问小威，在我的课堂上，我应该怎么对待他才好呢？他说："我不用你管！"

一听这句话，我的气就上来了。有人说，对学生最残酷的做法就是对他不闻不问。好，不管就不管。于是，我当下决定，以后都不管这个学生了！

在接下来的几节课中，我真的没有管小威，他反而静了下来。他们班的学生给我的感觉是，他们一直在观察我，看我怎样对待小威。当然，这是学生看热闹的心态。这个班的学生都很聪明，也很有性格。在老师和学生的“对峙”中，学生们的直觉往往是最准确的。当我和小威的“对峙”持续了几节课后，我首先放弃了。缘由是某一天我在和小威的班主任聊天时，她说小威是单亲家庭的孩子，妈妈不要他了，他跟着爸爸生活。听到这句话时，我的心很酸，也难怪小威的品行是这个样子了。自己是老师，同时也是个当妈的人。没妈的孩子像棵草，我们不是应该更多地去关心他吗？还和他计较什么呢？

于是，在接下来的课堂中，我就当做什么事也没发生过一样，批改他的小测，在课堂上对他提问，该表扬他的时候也没有漏掉他。我渐渐从他的眼里看到了光。他在我的课堂慢慢变得积极起来，总是举手回答问题，也没有出现开小差的现象，甚至有一次，他的手又不自觉地在小测时翻笔记，我眼睛一扫到，手一摇，他就缩了回去，并且以后没有再出现类似的情况。很多时候，他都会因为一些没有深度的问题而特意跑到讲台前问我。我知道，这是他对我示好的表现。在我的眼里，他也变得越来越可爱了。我和小威的关系变得越来越和谐了，直到会考结束，他都没有再被我看到他的不良表现。我的表现，他的变化，他们班的学生都看在眼里。所以他们班的学生也在慢慢地改变，对我越来越热情，越来越亲切。

在临近初二会考的时候，他们班的学生表现得最依依不舍，有学生甚至哀叹，以后黎老师就不能给他们上课了。

对于小威，我曾经生气，因为没有老师喜欢不尊重自己的学生；我曾经不管他，因为觉得他无药可救；我曾经心痛，因为他的身世……但是我最终非常欣慰，因为我很理智、很心软地处理了我和他“对峙”的局面，让他有所改变，也让我有所悟。老师不是完美的人，会冲动，也容易犯错。对自己，要常思己为，常思己过。对学生，要学会宽容。宽容让我愉悦，宽容让我欣慰，宽容让我有所悟！

润物细无声，静候花自开

——我的德育故事

李　薇

在踏上班主任的岗位以前，听别人说，班主任是保姆，照顾学生的学习生活，事无巨细；是警察、侦探，负责全班学生的生命和财产安全，要明察秋毫；是播种机，把“真”“善”“美”的种子播撒在每一个幼小的心灵里，等着开出理想的花……班主任是一个神圣的岗位，要求我们做“全能选手”。但我认为，不管是作为保姆、警察，还是播种机，首先要有爱。学会把爱的甘露洒向学生，学生才能健康成长。

2011 年 9 月，又是一个忙碌的开学季。这一次，我是以班主任的身份走向工作岗位，带着一份难以掩饰的自豪感，前所未有的紧张感，更揣着一份沉甸甸的责任感。

军训的第一天，我就遇到难题。早上八点，所有学生按照要求穿着校服坐在自己的座位上，教室里鸦雀无声，一双双充满期待的眼睛看着我，我环视教室，发现在教室后面的角落还空了一张座位。我皱了一下眉，心想：“第一天居然还有学生迟到，肯定不是省油的灯。”按捺住心里的不安，我按照原来的计划向在座的学生致欢迎辞并讲解军训安排。

等所有学生开始军训时，两个家长拖着一个高高瘦瘦的男生来到我的面前，说这是我班上的学生。我打量着这个歪歪斜斜地站在我面前却未用正眼瞧我的孩子，长长的头发，穿着时髦，怎么看都不像刚刚小学毕业的样子。第一天上学就迟到，还这个态度，我心里的火一下就来了。曾经有位前辈教过我，第一次面对学生，我们一定要有底气，不能被学生的嚣张气焰压下去。于是我批评他不该迟到，质问他为什么不穿校服，怎么这个态度等。但他一直高昂着头望着别处，眼里满是不屑，我心里似乎没了底气。

军训期间，小邓（化名）表现一直不太好，站军姿站不直，齐步走走不齐，正步走更是有气无力，休息的时候也不跟任何同学交流，但也没有特别出格的表现。我先没管他，暗地里和他的家长沟通。从家长口中得知，这个孩子小学六年都在私立学校就读，从小在学校住宿，周末才回家，因此和父母关系不好。他小学成绩不差，之前已在私立学校读了两年初中，现本该读初三了，但转到新的学校后又从初一重新开始。后来我从别处得知，小邓是因为读初中时有私自爬围墙出校门等严重违纪行为才被私立学校开除。我心里一下子懵了，第一年当班主任，怎么就摊上了一个这样的学生！

慢慢地，小邓的陋习开始暴露。上课睡觉、不听课、不交作业、头发过眉不肯剪还是小事，打架、抽烟、离家出走、早恋等事接二连三地发生。仅仅处理他一个人的事情，就消耗了我大量的精力。但面对我苦口婆心的教育，他似乎无动于衷，毫不领情。同时，我也担心他的不良行为对班级风气造成负面影响。

尽管他有这么多的坏毛病，给我带来了很多的麻烦，也使我的信心和满腔热情受到打击。但初为班主任的我有一股“初生牛犊不怕虎”的韧劲，是我的学生，我就应该不抛弃、不放弃。调整好自己的心态后，我认真分析了他的性格，发现其实他也有自己的优点：他很聪明，思维十分活跃，只要他肯听课，成绩一定不差；他对老师还是比较尊重的，不会轻易顶撞老师，只要不要求他学习或用学校的规章制度束缚他，安排给他的工作，比如整理资料、批改作业等，他都能有条不紊地做好；他对同学们也不错，人际关系好等等。我想，这样的孩子可能因为从小和父母相处的时间太少，缺少父母的爱，父母对待他的方式过于简单粗暴，叛逆期的他便采用比较极端的方式进行抗议罢了。我想，我对待他的方式也该改变一下。

有一次，小邓因为违反纪律，在中午放学时被我留下，我安排了一些简单的工作给他，让他“将功补过”，我在一旁做自己的工作。当他完成时，时间已经比较晚了，学生食堂已经收工。我让他带上自己的碗，到教师食堂给他打了份午餐。他一开始拒绝，我硬塞给他，说:“你是因为帮老师干活儿才错过吃饭时间，怎么能让你饿肚子呢?”他犹豫了一下，最终收下了。后来他对我的态度缓和了一些，我暗暗欣喜。看来，我成功迈出了第一步!

课堂上，我提问他中等偏易的问题，对他的正确回答予以肯定；他篮球打得不错，我让同学鼓励他上场，然后表扬他为班级奉献的精神；当他表现进步的时候，我发给他表扬信，他很高兴地收下；有时候我装作不经意地当着其他同学的面让他帮我做搬电脑、作业之类的工作，完成后给他一颗糖果，虽然他拒绝不要，但我看到了他的眼中闪过的一丝自豪。当他犯错误的时候，我引导全班同学不要去学习他的错误，而是要宽容地去对待，给他机会去改正，同时也要学习他良好认错的态度。

慢慢地，他不再排斥我，有时候能听进一些课，打架的频率也减少了。虽然我没能完全感化他，他依然还有很多的毛病，依然会犯错，但我知道，他心里清楚我是关心他、真心对他好的老师。他能懂得感恩，有一颗善良的心，不走上歪路，以后他的人生不会比别人差。教师节的时候，他和几个男生特意跑来办公室跟我说了声节日快乐，虽然他只是躲在后面，但我心里满是欣喜，尝到了当老师的幸福。

班主任需要很强的专业技能，需要掌握心理学、教育学的理论知识，需要丰富的经验，但最重要的是，有一颗认真对待每一个学生的爱心。爱如绕指柔，能感化钢铁般的心。

“疫”无情，教有道

李雪芬

2020年，席卷全球的疫情冲击着所有人的生活和命运。一时间，封城禁足，阴云密布。然而，梁开中学初三毕业班的我，时刻牢记自己一线教师的身份和使命，始终心系学生的身心健康和学业发展，不向疫情低头，在上级教育部门和学校的领导下，积极学习网络知识，探索线上教学方式，化身为“网络主播”，从容应对疫情给教育教学工作带来的困难和挑战，为这个特殊时期增添了一道绚丽的色彩。

一、未雨绸缪，率先掌握网络授课技巧

早在春节期间，我就开始思考疫情下的教学方法，仔细摸索比较了微信、腾讯会议、钉钉等软件的会议功能，并熟练掌握了所有功能和技巧，第一时间做好了线上授课的准备。

二、灵活生动，隔屏授课也可高能高效

1. 一方面，网课界面布局科学合理，主次分明；问题设计简明扼要，直观易懂。另一方面，我灵活运用网络软件与学生实时互动，高效沟通。以优质的内容和灵活的方式确保线上授课的教学质量。

2. 对一些需要讨论的问题，我采用“连麦”的方式组织学生发言，适时给予点评和鼓励，启发其他学生的思维，使得课堂氛围轻松活跃，学生们新奇之余，也收获了知识。

3. 虽然线上教学使小组合作学习受到一定的阻碍，但我通过钉钉平台的在线编辑文档的功能充分发挥了小组合作学习的效果。

例如，在文言文教学中，翻译是一项耗时较多的教学内容，我就在预

习中将拟合作翻译的原文（word 格式）转换成为两列表格的形式，左侧列为原文，右侧列为译文（空白列），并将文档页面设置为 A4 横向，将表格调整至适应页面大小。

然后在钉钉软件的文件中新建文档并命名，通过在线文档编辑器添加可编辑学生名单，并将权限设置为可编辑。学生接到通知后可以即时进行在线翻译。小组成员对组员提交的译文有不同意见的，可以直接修改，修改完成后保存并退出即可。

在线文档编辑器最大的好处在于，每次保存都能存贮为一个版本，以备后期比对、分析。每个学生都可以用不同版本的译文对比自己的译文，以发现自己的不足或错误。老师则可以在上课时通过屏幕直播功能，结合上步分析中发现的问题进行有针对性的讲评，使整个课堂更加高能、高效。

三、组织网上“故事会”，传播正能量，唱响爱国主旋律

为了使学生的学习不仅仅停留在书本上，同时希望大家关注疫情，让大家认识到我们都是这场没有硝烟的战争中的一分子，我在每节班会课开始设立一个环节：请一位同学给大家讲一个在这场疫情中令人感动的故事。这个任务会提前布置下去，让大家去搜集、整理资料，对人物进行评价，并且形成一篇微写作。之后通过线上指导，一篇战“疫”故事就大功告成了。

故事完成之后，会由学生本人在钉钉直播平台给大家讲述出来。讲述完之后，同学们在互动面板中各抒己见，进行思想碰撞。

这个“故事会”环节的设置，不但锻炼了学生的写作能力，也让大家深刻认识到：所有的岁月静好，只不过是有人在替我们负重前行，中华民族每一次遭遇到灾难的时候，总有“中国脊梁”挺身而出，用自己的生命诠释着对祖国的一腔热忱。感动之余，学生们会对英雄、对祖国、对自己

的未来多一份思考和认识。

梁开中学初三年级的晓辉（化名）同学说："李老师的语文网课课堂给我最大的感受就是三个字：沉浸式。尽管隔着一层屏幕，但听她讲课，整个人自然而然地就被带入其中了，连开小差都成了一件难事，那种感觉就像是在和一个朋友谈心，为我解疑。而每一节课上，李老师不仅讲解知识点，还会为我们熬一碗心灵鸡汤，科普一些文学常识，让课堂变得有趣，也让我收获满满，欲罢不能。"

四、积极乐观，用网络也能营造温暖而又良好的学习氛围

网上授课结束后，我会及时对学生进行电话回访，一方面对网课教学效果和学生意见进行了解，从而不断改进，使线上教学效果变得更加完美。另一方面也能掌握学生疫情期间的身心健康情况，做好情绪疏导和心理辅导。

"好学生是夸出来的"。根据疫情防控的需要，学校每天都会要求学生健康打卡，一开始，学生们都很不以为意，甚至有些抵触，我则逐个打电话提醒、谈心，表扬学生当天学习中做得好的地方，传授学习小窍门，以此拉近师生距离，使学生配合防疫工作要求。

"危机危机，危中有机，疫情是把双刃剑，善加利用则无敌。"在疫情的阴霾下，我用积极乐观的心态，不断影响并温暖着周围的学生。在我的循循善诱和坚持不懈下，初三（14）班的学生都能按时完成打卡任务，逐步走出了疫情阴影，形成了良好的学习心态。

五、爱无止境——世界那么大，遇见你真好

3月12日，适逢初三百日冲刺誓师大会，出于对学生的爱，我用学生宣誓的照片和决心书，悄悄制作了精美的百日冲刺电子画册，命名为《百炼成钢，百日留芳》，并给每位同学都写上了鼓励的话语和诚挚的祝福，配上《世界那么大我竟遇见你》的背景音乐，使之成为一份精美的礼物并

送给每位学生。

在同学们收到这份礼物的那一刻，整个课堂沸腾了，孩子们在观看这份电子画册时又是哭，又是笑，哭自己及小伙伴们共同奋斗过的燃情岁月，笑他们自己的那副纯真憨傻的模样，更为老师的良苦用心和爱生如子而感动。疫情肆虐之下，这份礼物更显得弥足珍贵。这份爱，会伴随他们走出这片阴影，走过这段时光，令他们终生难忘！

这次疫情是一次考试，我用自己积极乐观的心态，用自己的汗水和对学生无私的爱，交出了合格的答卷。这次疫情更是一场战斗，我以微弱的身躯，用不服输的斗志，成为教育战线上的一名勇士，成功守住了阵地。

“疫”无情，而教有道，越是乌云密布的天空，越需要闪耀天际的光。

爱的教育

梁淑莹

陶行知先生曾说："爱是一种伟大的力量，没有爱就没有教育。"教育的最有效手段就是"爱的教育"。

作为一名平凡的教育工作者，我深深懂得，教育是爱的事业。这种爱是"一切为了学生，为了一切的学生，为了学生的一切"的博大无私的爱，它包含了崇高的使命感和责任感。"爱心最是有情物，化作春风更催人。"这种爱是一种信任，是一种尊重，是一种鞭策，更是一种能触及灵魂的教育过程。

"老师，小宋（化名）突然跑出教室不知道去哪里了。"我大吃一惊，因为现在是上课时间，我担心的事情终于还是发生了。

那是我参加工作的第二年，重新带初一。鉴于第一年带班的一些失败的经历，我很怕自己会碰上一些所谓的问题学生——家庭背景复杂，追求个性，固执等等。本来开始还好好的，因为我在开学初就在班里树立了自己的威信，学生都比较听话，不会犯什么大的错误，我以为我可以松一口气了。

有同学向我反映，小宋曾与班里几个男同学发生小矛盾，但我也只是认为这是男同学之间的小打小闹，不会有什么大问题。结果表明，我的侥幸心理是完全不可取的。这次也是因为这种"小打小闹"，他擅自在上课时间离开教室，这在学校属于严重的违纪行为。

我只好放下手中的工作，自己一个人到处去找他，同时打电话通知他的家长。令我着急的是，我在校园内找了一圈都没找到人，最后只能上报给级长。我正在和级长谈话的时候，有老师向级长汇报说有个学生在上课时间独自一人在走廊平台徘徊。直觉告诉我这个学生就是小宋。级长说交给他处理，我想了想，拒绝了，因为毕竟他是我的学生，我对他的了解起码比级长对他的了解多一点。

走到他面前，很明显可以看出他的情绪很不稳定，我自己也有点无措，因为我没有处理过这一类的问题。我尽量用温和的语言问他是不是发生了什么事，他低着头一声不吭。连续问了几遍，他还是一点反应都没有。我的倔劲儿一下子也上来了，好，既然如此大家就这样干站着吧。

他靠在墙上，我就陪着他靠在墙上，同时心里想着下一步应该做什么。

就这样过了七八分钟，他明显站不住了。他抬头瞥了我一眼，欲言又止。我心里也“蠢蠢欲动”，但“敌不动我不动”，我装作没有看到。又过了两分钟，他终于喊了一声“老师”。

我转头看着他，问：“怎么啦？”

“你走吧，我……想自己一个人待着。”

“没事，老师现在也没事情做，正好想找个地方安安静静待一下想点事情，办公室太吵了。这个地方你找得好，凉爽安静，我不出声，你就静静地待着吧，我不打扰你，你也权当陪我一下，可以吗？”我用我最真诚的眼光看着他。他听了后愣一下，点了点头。

我对他笑笑，就进入了“冥想”的状态，其实我心里也是很没底的，万一他自己跑了怎么办。

“老师……”他又开始欲言又止。

我感觉契机来了，轻声问他：“怎么啦？”

令我欣慰的是，他主动跟我谈起了事情的始末，其实也不过是男生之间的推推搡搡惹出来的。大家一起玩，可是玩着玩着就过火了，双方又不知道如何去平息。

我听后，没有评价谁对谁错，只是问：“如果时间倒回到事情发生的时候，你会怎么做？”

他想了想，说：“我会向他道歉，因为是我先大力推他的。”

我笑了笑说：“老师很开心，因为你把老师平常说的话都记在心上了，要经常把‘谢谢’‘对不起’这些礼貌用语挂在嘴边。”我趁热打铁：“如果小成（化名）现在出现在你面前，你会做什么？”

他有些不好意思地说：“我知道怎么做了。”

于是我把小成喊来，小成的思想工作好做得多。双方互相道歉之后，我对他们俩进行了批评教育，看着小宋的表情，我知道他并没有不服气，他已经接受了我的批评。

谈完之后我就让他们俩直接回教室了，其实小宋的父母当时就在楼下，只是我不能确定小宋对父母到来的反应如何，在没有把握的情况下我不能让事情变得更糟。

后来我了解到我的决定是正确的，因为自从上了初中后，小宋从小学的优生变为了初中班上“一般”的学生，父母是外来务工的，平常工作忙，没有什么文化，也不会说话，成绩上的压力令小宋更加接受不了父母的“唠叨”，所以情绪变得易怒。

我想我知道了一部分问题的所在，因为开学初的测验让我下意识地给他打上了“成绩一般，表现一般”的标签，没有给他过多的关注，原来他小学的成绩这么好，成就感的缺失让他在本阶段产生了心理落差。

我开始关注他，发现他的记忆力很好，背书的任务通常都是很快完成，默写也基本上是全对的，他也很愿意在老师面前表现自己。于是，我给他安排了数学课代表这个职务。此后，我也发现他对工作很认真负责。当然，抓住他的这些优秀表现，我会经常在班上表扬他。现在，他也是我们班的纪律委员，有什么疑惑或问题，他都会主动找我谈。现在，我已经没有收到任何对他的投诉。

回想起来，如果当初我没有陪他站那十分钟，而是直接把他抛给级长，结果不知道会怎么样。我和他现在的关系会像现在这样吗？

苏霍姆林斯基曾说过："一个好教师意味着什么？首先意味着他是这样的人，他热爱孩子，感到和孩子交往是一种乐趣。"同时，我们还应不失时机地去激励、引导。心理学研究表明，人在被赞赏、激励的条件下，其自身潜力的发挥是平时的 2~3 倍。"教育艺术的本质不在于传授本领，而在于唤醒、激励和鼓舞。"作为教师，要让孩子从赏识、夸奖中体验成功的快乐，激励孩子挖掘自身的潜力做出更好的表现，争取更大的成功。赞赏在教育实践中起着激励作用，正如林肯所说："每个人都希望得到赞美。"的确，获得他人的肯定与赞美，是人生基本生活需求满足后精神上的高级需求，这种需求贯穿于人的整个生命过程。对学生的成功，应给予肯定、表扬、赞赏，并适当提出更高的需求。

我认为要做好教师这份工作，首先必须发自内心地去热爱学生，认为和他们在一块儿是一种快乐，一种享受；其次，要从生活点滴中去关心他们，让他们感受到你的关爱与呵护；再次，我们在此基础上针对不同情况，具体实施正确、有效的引导教育，并适当提出更高的要求。

让我们的教育充满爱，让教育之爱闪耀智慧的光芒！

你若盛开，清风自来

——浅谈班主任工作中的情感教育

李雪芬

爱心是万物复苏与成长的阳光，它是班主任弹性素养的灵魂。没有爱心的班主任，业务素质再好，也不会带出优秀的群体。就如同冬夜里高挂在天边的月亮，明亮清冷，却不会给人温暖。反之，如果班主任对学生能从爱出发，诚挚友善，就一定能引起学生的崇敬、信任和共鸣，进而使学生“信其道，学其理”。在十几年的班主任工作实践中，我深深体会到了“爱心”所带来的教育效果和收获。

2012 年，我中途接手了初三的一个比较落后的班级，为了扭转班级的状况，我做了以下工作：

一、以情激情，帮助问题学生积极进步

“人之初，性本善。”我相信没人天生就是坏孩子，也没人愿意成为“问题学生”，即使是所谓的“问题学生”，也一定有其自身的特点和优点有待发掘，他们内心深处也希望得到周围人的认可和肯定。因此初三接班后，我故意忽视“问题学生”及其“历史问题”的存在，结合其希望在新班主任面前重新表现的潜意识，积极引导，不翻旧账，而是更多地关注他们一点一滴的进步，与他们交朋友、谈心，寻找一切机会和他们接触，组织他们参加自己喜欢的活动，帮助他们感受到学习和生活中的乐趣。

与此同时，我尽量寻找合适的时机走进其家庭，了解他们的生活环境、个人秉性、主观好恶的真实情况，向家长提出配合教育的措施。课堂上，我常用热情期盼的目光提醒、鼓励他们，与他们进行情感交流，给予

他们参与课堂讨论的机会，让他们在智力活动中表现自己。在家长会上，我有意识地对他们多进行表扬和鼓励，使其看到进步的希望，以更积极的行为表现回馈班集体。

事实证明，这种用真诚的爱心去赢得学生信任的方式很奏效，在短短的时间里，他们身上的问题少了，阳光开朗、自信上进的一面多了。

二、以情动人，让初中最后一段时光成为人生中最动人的回忆

初三冲刺阶段的学习生活是紧张、枯燥的，很多学生在这段持久战中容易疲倦、厌学。因此，在所剩无多的时间里调节好他们的身心状态至关重要。为了缓解学生紧张不安的情绪，我特意开展了几个既有趣又有意义的活动，如：我在后黑板增设了一个“冲刺中考大本营”，除了常规的学习方法、考试心理的介绍外，我还添加了一个栏目“蓦然回首”，让学生写上“最想对同学、老师说的话”“初中阶段我最得意的一件事”“我最遗憾的一件事”。这一小小举措取得了立竿见影的效果，每个学生顿时不见了平时的浮躁不安，行为举止间多了几分凝重和思考，以紧张而又沉静的良好状态持续到中考。在我们照毕业相的那一天，我自己也有感而发，写了一篇临别寄语：

同学们，还有十天，你们就要走进中考的战场，结束你们三年的初中生活，开启人生的下一个阶段和篇章。作为陪伴了你们360天的老师，我也即将要离开大家，和你们说再见了。此时此刻，老师又欢喜又伤感。欢喜的是你们这段时间的成长，少了以往的浮躁不安，多了沉静和自信；少了以往的散漫轻浮，多了认真和成熟；少了以往的任性自我，多了相互尊重和包容。天下没有不散的筵席，铁打的学校流水的学生，虽然每年毕业离别之际，为你们开心和分别不舍的感觉老师并不陌生，但对于你们，我更多了一种以往没有的留恋，这都是因为你们这些乖巧懂事、充满了活力与激情的学生让老师感受到了和你们在一起的意义和快乐。

很多老师都认为毕业班班主任的工作很苦、很累，但我觉得，带今年的初三我虽累但并不苦，因为我有你们这些有责任感、执行力强的班干部为老师和班级分忧解难；也有负责认真的课代表，为课前秩序劳心劳力、无私奉献；更有那些虽然贪玩，但也不失可爱、充满个性的“重点关注对象”。因为有了你们，老师每天的工作生活都过得格外充实而有意义。老师会记住你们每一个人，尽管若干年后可能会记不起你们的名字！

因为有了你们，我们的班集体团结、拼搏、不认输，校运会、文艺表演、口号PK、各次考试的领奖台上都能见到我们班的身影，老师也一次次地感受到自己职业的价值。除了离别之际的不舍之外，老师更希望看到中考放榜的那一天你们每个人脸上的笑颜。还有十天，你们一定要做一个坚持到最后的人，不轻言放弃，坚持下去，你绝不会一无所有！还有十天，你们一定要善待同学，营造安静的学习氛围，让你的同伴们心无旁骛地向自己的理想前进。你们一定要善待老师，因为他们的唠叨、教诲，都是为了你们每一点的进步，每一次的成功。“自信人生二百年，会当水击三千里。”同学们，没有比人更高的山，没有比脚更长的路，我无法预知你们的将来，但我坚信，未来一定属于今天精彩、明天更加精彩的你们！

当我读完这篇文章后，自己早已泪流满面，我的学生们也泣不成声。这些没有训斥的思想教育，已经化成春风细雨慢慢地滋润着学生的心灵。在接下来的日子里，我不再需要像以往一样大声喊安静，也不需要絮絮叨叨地提醒他们认真复习，因为我和学生之间已经有了某种心灵上的默契。而在当年的中考中，我们班的成绩由倒数跃居年级前列。

记得毕业后，学生自己组织了一次卡拉OK活动，特别邀请我参加。在活动接近尾声时，一名曾经让我“爱恨交织”的“问题学生”拉着我，非常认真地对我说：“老师，如果下一届还要当班主任，你千万不要再这么‘用心’了，因为你这样做太辛苦了”。那一刻，我百感交集，觉得所有的汗水和泪水都是值得的!

高尔基说:“谁不爱孩子，孩子就不爱他，只有爱孩子的人才能教育孩子。”

既然选择了教书育人这条道路，就要心中有爱。从爱出发，才能收获学生对自己的理解，在心田上开出绚丽的花朵。

你若盛开，清风自来。

善意的谎言，也许能拯救一颗失落的灵魂

——我的教育故事

吴莉平

“千教万教教人求真，千学万学学做真人”——这句话从学生时代开始一直伴随着我。

可是它却像刀一样地揪心，为什么会这样？此刻本应进入午睡的我，却久久地立在窗边，看着窗外树叶上那颗晶莹透亮的水珠，有一种莫名的悲伤从心底升起；继而似乎又有一记响亮的耳光打在了我的脸上，让我倍感耻辱；接着，那位老师无助失神的目光又浮现在我的眼前……一辆车开过来，扬起地面的黄叶呼啸而去，车上的歌声却撒落在我耳边：如果全世界都可以放弃，至少还有你值得我去珍惜……我忽然醒悟过来了，不，我不能放弃，我一定要对老师和孩子们负责，必须想办法妥善解决这件事！我浑身充满了力量，可是，在事情不可预料之前，我终究在午休室里辗转反侧，无法入眠。

最有效的教育是让学生学会自我教育！印象中这是一个伟大的教育家的育人观，我非常认同并一直遵循。抱着一线希望，我来到了班上，将上午第四节课发生在课室的事情全盘托出。紧接着，我尝试用同理心去教育孩子们：“同学们，我们班是一个正直、正气、有正义感的班级，相信拿老师手机的孩子只是一时糊涂，只是和老师开个玩笑而已。但是玩笑的时间不能太长，否则会伤了老师的心。我们每个人都会有犯错的时候，老师不会怪罪一个知错能改的孩子，如果手机在你这儿，请你悄悄地放到我的桌

面，老师一定会感谢你的……”随后，我给每个孩子发了一张纸，让他们写下对这件事情的认识和心目中怀疑的对象，并承诺：只供我一人阅览，绝对保密。

“真没想到我们班会发生这样的事情，竟然敢偷老师的手机！这真是害群之马，我们要坚决打击！”——小于，平时调皮经常惹事的他此时却不乏浩然正气。

“老师，我当时和小芳一起去饭堂的，真的不知到会发生这样的事情，但我认为不可能是我们班的同学干的，他们只是有点贪玩不至于……”——小曼，一个眼中满是真善美的女孩。

“老师，我认为是小钧干的，他平时的样子就有点像，而且，刚才你说这件事的时候，他的表情也不正常。”——这是善于观察的小锐写的。

…………

正当我基本将目标锁定小钧，但苦恼于没有证据贸然去找他是否妥当时，我看到了它，两行字坚挺躺在纸上：老师，我不应该包庇，是小秦拿的，您说得对，我应该帮助他主动承认错误，老师，您不会怪我吧。——小刚，他是班上唯一一个与小秦形影不离的男生。我心中一阵悸动，有点出乎意料，真的吗？我急切地打开小秦写的纸条，纸条里什么也没有承认，反而咬定是小钧干的。我的心绷紧了，记得刚接手小秦时，他的目光是空的，脸上没有笑容，沉默寡言，他在日记里曾经提及想轻生的念头。该怎样来拯救这颗失落的灵魂？这让我很纠结。

我把小秦带到办公室，本想狠狠地批评一通，但转念一想：每一故事的背后一定有它的缘由，千万别妄下结论，何不听听当事人怎么说。结果他一开始并不打算承认，但我可以从他低沉的声音和一直低着的头感受到他内心的压力其实非常之大。直到我说：“你直接告诉我现在手机在哪就行了，其他的我会信守承诺，帮你保密。”他抬起头，嘴角扬了扬，终究没有说出来，但他不再空洞的目光却似在询问我：“老师，您说的是真的吗？”“你放心，等会你直接回家，我会告诉同学们，由于家里有急事，家长来把你提前接回家了，而且老师会告诉你的家长你身体不舒服需要提前回家，至于作业和书本我会让小刚帮你送回家的。但是你到家之后，要打个电话给老师报平安，好不好？”我期待着他回答，却分明看到了两行晶莹的泪水正顺着他的脸颊滑落……他带着我在校园的绿化丛中找到了手机，当我把手机交给李老师时，她简直不敢相信能失而复得，那惊讶而欣喜的表情我至今记忆犹新。回到办公室，一张纸条静静地躺在办公桌上：老师，我才发现我是多么傻，李老师上课时批评了我，我心里很不爽，所以拿了她的手机扔了，我真不应该，差点就不可挽回，谢谢你给了我机会，让我获得重生。半个小时之后，我接到了他的来电。下一周周一的上午，我看见他和小刚一起有说有笑地来到我办公室，他毕恭毕敬地双手递上了那天借给他坐巴士的一块钱，说：“老师，谢谢您。”我分明感受到一个前所未有的阳光男孩的阳光心态，这竟然可以从小秦的嘴中说出来。喔，其实，学生的可塑性是如此之大，我开始释怀……

事情过去一个学期了，每次见到他，总会露出一脸真诚的微笑，总有一种发自内心的感动，不知是我感动了他，还是他感动了我。但这个触及灵魂深处的故事将永远烙印在我心中，相信他，也一样。

陪　伴

王艳杰

“从小我一直都很努力地学习，而且成绩优异，父母老师经常表扬我，认为我将来一定会有出息。老师经常告诉我，只要我继续努力下去，考上重点大学是没有问题的。可是马上就要中考了，我这两次的模拟考试，成绩明显下降，我非常心慌。我很努力了，我不明白为什么，觉得自己可能没有其他同学聪明。我正在准备下一次考试，我告诉自己这次考试我一定要考好，我不能再失败了，我不想让大家失望，也不想让自己失望。这次考试如果再考不好，父母和老师会对我很失望。可是这一个月以来，由于考试临近，我感觉压力越来越大，总是看不进书。看到其他同学都在刻苦备战，我心里更急，焦虑不安，很烦躁，总是静不下心来，不能集中注意力学习，晚上也睡不着。老师我该怎么办？请你帮帮我！”

这是两年前的一个学生在中考前的三个星期向我袒露的心声。听了这段话，我的第一感觉是，他深陷沼泽，我在岸边，我必须要把他拉出来！他是班级中的好学生，同学们的好班长，父母的好儿子，可谁知在这些身份的背后，他承载着多么大的压力呢！我很担心他！这个时候，作为老师的我能为他做些什么呢？那一次，我说了很多安慰和鼓励他的话。

可是几句安慰的话能够帮助他走出困境吗？我静静地思考，他一定是挣扎了很久，才把心里的这番话说出了口，他一定是希望能够在我这里得到更有效的帮助。我还能做些什么呢？首先，我搜集了一些改善睡眠的小方法，让他去尝试调整睡眠，这样第二天才有充足的精神上课；其次，纠正他不合理的认知，使他相信同学们不会因他成绩退步而瞧不起他，老师和父母也没有对他失望；最后，帮助他重树信心，不要把自己和成绩画等号，让他认识到：他在父母和老师的眼里不是只有成绩优秀，而是在很多方面都很出色，我们不会因为成绩的暂时退步而对他失望。在我的引导之下，他的压力减轻了，睡眠也改善了，重新找回了信心，不再惧怕考试。中考结束之后，他写给我的祝福语简单而真挚：老师，谢谢你陪我走过了这段最困难的时光，谢谢你的陪伴！

作为中学老师，我们陪伴着很多孩子走过他们的青春时光，陪伴他们度过人生的这个重要转折期。孩子们开始给自己的心理日记上锁，可能是因为跟父母之间的关系而苦恼，可能是因为跟朋友同学之间的矛盾而苦恼，也可能是因为学习困难而难堪。青春期的孩子们面临的问题有很多很多……虽然很多孩子口头上不承认，可是心理上他们非常需要得到指引和帮助，需要心灵的陪伴。回味这十几年的工作，我能够在平凡的日子里用心地陪伴孩子们成长，见证他们的成长，这也是我的收获和成长。

我的成长故事

唐翠芳

2009年8月底，我满怀热情地加入了梁开初级中学教职工的队伍，见到了脸上洋溢着笑容、稚气未脱、天真烂漫的第一批学生。到目前为止，我已接手了三届学生，今年，是我也在教育第一线战斗的第七个年头。回首这七年，苦辣酸甜的滋味一一尝遍，冷暖自知，心痛也好，感动也好，幸福也好，这不都是人生滋味吗?

苦

刚参加工作，我就担任了班主任一职。起初，我的心里还喜滋滋的，因为之前念书的时候就想作为教师如果不当班主任就没意思了，现在能有这个机会不是如愿以偿吗？可是，初来乍到，没几天已被各种事情弄得焦头烂额。记得有一次，一位学生问我学生饭堂在哪里，那时自己竟然都不知道，更何况学校的各项规章制度了。

作为班主任，每天早晨必须在七点左右到达教室清点人数，不管是不是自己的早读都得守着他们读书，有时候还要教育迟到的学生、有问题的学生，几乎每一天都会有学生事务让你处理，对于新手班主任来说可谓应接不暇。很多时候，还要为学生的家庭问题而担忧，因此一大堆繁杂的事务让人几乎整天要绷紧着神经过，再加上没有任何当班主任的经验，处理这些事情几乎占尽了自己的休息时间，更不用说腾出时间来好好备课。对于有经验的教师来说，班主任是一门苦差事，更不用说我这个一点经验都没有的新教师了，简直是苦不堪言。

辣

如果对于工作的总结是苦不堪言，那么个别令人头疼的学生则能让人辣出满头大汗。小冯（化名）同学，父母离异，被判给爸爸，可是爸爸脾气暴躁并成天在外面鬼混，很久才回一次家，因此他很多时候都回母亲家，有时候甚至会离家出走。这对于出勤工作还真是一大难点，我每天都提心吊胆，担心他的安全。到了初二，他进入了叛逆期，再加上经常跟着在职校读书的哥哥与校外的混混玩，染上了很多恶习，抽烟、喝酒、逃学都是家常便饭。记得有一次他妈妈找不到他，求我帮忙，我费了很大的周折让班里同学在QQ上联系到他，劝他来了学校。像这样的事情，后来已经由偶尔变成了经常。

目前这一届学生尽管比较好动，但是对于已经有了一点经验的我来说至少能控制得了，可是，也有个别同学让人捏一把汗。欧阳（化名）是班里的卫生委员，也是地理课代表，上课总是能听到他洪亮的回答问题的声音，他的成绩也能保持在年级前一百名，按理说应该是属于优生行列的。可是，只要深入接触过他，就会发现他心胸非常狭窄，几乎每个学期都会有两次与人打架的事情发生。记得有一次，他又与人打架了，按照学校的处理方案，要叫来家长，可是一听到叫家长，他便以跳楼来威胁，把我吓得捏了一把汗……所幸的是，他在接受教育之后改过自新，最终考上了理想的高中。这两年，教师节前后，我总能在办公桌旁见到他的身影！

酸

一年一度的教师节到了，很多同学都买了贺卡和礼物放在了我的办公桌上，有的同学送的还是亲手绘制的卡片，亲手制作的小玩意儿，让人心里美滋滋的。可是，接下来的一件事又让人意外了一把。班里的小霸王小宇（化名）同学手拿一幅画卷和一张卡片来到了我办公桌前。回想之前，他可真没少让人操心啊，上课开小差、乱讲话、影响同学们听课，下课窜级、违反校规与高年级同学勾结，放假后还与社会青年乱混、拍拖……真的是“罄竹难书”，同学们心里都讨厌他却又害怕他。

更让人为他感到惋惜的是，一次他带领几个同学放学后在楼道上练习跳楼，结果将自己的左脚摔得骨折，住了一个学期院。因为保险的事，我起码写了七次情况说明。由于他家境贫寒，我还组织同学们为他捐款，并买上水果带着班里几个班干部去医院探望他。他回校后，为了提高他的学习热情，也为了减轻他经济负担，我帮他争取奖学金来激励他前进。最后，他在考试中取得了不错的成绩。看来人心是肉长的，一看到他送的礼物，以及回想起他的进步，我的鼻子有点酸酸的。

甜

学校一年一度的艺术节又来临了，作为班主任，我和学生们一起策划编演节目。正式表演前，大家主动牺牲自己的午休时间来排练。排练时，我们亦师亦友，大家一起努力奋斗的过程回味起来真美好。功夫不负有心人，我们节目最终夺得一等奖的好成绩。

2012 年 11 月，我请了两个星期的婚假，假期结束后回到班级，刚走到教室门口，一阵彩色喷雾向我扫过来，吓了我一跳。睁开眼，只见小宇同学手拿一束鲜花微笑着向我表示祝贺，同学们兴高采烈地欢迎我的回归。黑板上是班长代表同学们写下的“小唐，祝你幸福，我们爱你！——初二（11）班全体同学宣”，脸上幸福甜蜜的笑容便是内心最真实的表达。

尽管战斗在一线的教师生活是辛苦的，可是正是因为有了这些酸和甜，苦和辣才显得那么微不足道；正是这些酸和甜，一直激励我和各位同仁永不止步！正是因为这些苦辣酸甜我才能一步步成长着！感谢孩子们让我的人生那么有味道！

努力生长，成为幸运的自己

王祝容

最近一两周，小轩（化名）的颓废、忧伤、无力、困乏又出现了。以他这样的状态，即将到来的期末考试，肯定是难以找回“遗失的美好”了。我看在眼里，急在心里！他丢失的不仅仅是成绩，还有他那颗奋发向上的积极的心啊！

开学的时候，英语老师用极其惋惜的语气跟我说：“在这个班级中，英语领悟能力最强的就数小轩了，可惜他的心态不好。他的英语测验成绩从98分下降到72分，现在竟然下降到了62分，一个不违纪、不旷课并且有牢固底子的孩子，为何会节节败退呢？”

英语老师说的没错，小轩的心态确实有问题，而且是严重的问题。首先，他在数学课上无心听课，随着初二知识难度陡然增加，他的成绩一下子就下滑了。其次，他每天都说自己很烦，很累，没精神，没有一般同龄男生的朝气和天真。此外，很难看到他的笑容，他常常一个人站在栏杆旁发呆，给人感觉就是一个心情很沉重的人。

小轩的一系列问题，我一直都在想办法帮他解决。他的英语成绩“节节败退”的时候，我专门找了他谈话，除了找出问题外更多是鼓励。比如他常常一个人在角落里发呆的时候，我会特意从他身边经过，跟他聊聊班里的篮球比赛。经过一系列的努力，小轩的心态比之前好了很多，还跟我说要冲刺年级前50名（他最好的成绩是年级86名）。

但是最近，他又回到了“解放前”，他究竟遇到了什么事情？他心里究竟在烦什么？我必须找他进行一次深聊，哪怕会触及他内心最脆弱的角落，我也得试试！之前我找过小轩聊过很多次，但每次一聊到他的家庭，他敏感的触角便紧紧收缩。于是，我也给自己设定了边界，一旦涉及他父亲的婚姻状况，我便止步。等到哪天他真正信任我了，再对我敞开心扉，而不是我强制进入他的隐私。

但这一次，我决定要“深入虎穴，抓得虎子”。我找来小轩，向他表示了我的担忧，也表示希望可以了解情况并尽自己的最大能力来帮助他。

在和小轩两个多钟的聊天中，我发现他的处境比我想象的还要差得多！他爸爸的婚姻状况非常混乱，生母在老家四川，从两岁开始就没再见过，从来都没得到过母爱。后来曾有过两个后妈，现在却又不见踪影了。小轩从小学三年级开始便跟着奶奶一起挤在一个十多平方米的单间宿舍里，没有属于自己的空间，只能在奶奶宿舍的拐角放一张单人床，用布帘子围起来。随着青春期的到来，他迫切希望能拥有个人的空间，可是不可能，因此他非常烦心。加上他奶奶性格强势、武断、啰唆，只要有一句的反驳便是恼火和无休止的吵架，所以小轩的内心非常孤独、烦恼、忧伤。

小轩经常好几个月也见不到他爸爸的踪影，他爸爸哪怕偶尔回来也是烂醉如泥，唯有他的大伯有时会过来看望这对祖孙。

听完小轩的遭遇，我的心真的好痛好痛，久久不能平静。事后，我经小轩同意拨通了他大伯的电话，幸好他大伯还算是明事理的人，表示愿意努力改善小轩的学习环境和生活，我的心稍有一点点的安慰。

对改善小轩的生活环境我尽了点点的绵薄之力，接着我还要梳理小轩的认知，不然他始终会被家里混乱不堪的关系所牵绊。

于是，在一节室外课，我把小轩单独留下，带他来到办公室外面的空地上坐下，并将他所面对的生活问题一一列出来，帮他分析。我问小轩：“你能改变你父亲的婚姻状况吗？”小轩摇摇头。我说：“没错，既然已经成为现实并且不能改变，那就只能顺应，并且不用去理、不要去管，做好一个学生该做的事，并且以后要做个好父亲。”谈到奶奶的问题，小轩说奶奶不讲究卫生，喜欢乱囤杂物到他的床上。我问小轩：“你奶奶多大年纪了？”小轩说：“快要 70 岁了。”我说：“小轩，这就是你的不对了，奶奶年纪大了不讲究卫生，但是你可以帮忙收拾啊！奶奶为什么喜欢屯东西？为什么担心要用时没得用？那是因为奶奶缺少一种安全感。”小轩听了，稍作沉思，说：“是啊，奶奶曾经说过小时候家里很穷，饿得浮肿，所以总是很节俭。”

这一天，我跟小轩聊了很多很多，仿佛聊了他的整个世界。说完，我问：“你现在思绪好点了没？你一直忧伤、困乏的心能找到一点点归宿了没？”小轩点点头，嘴角微微一笑。

之后，我又给小轩写了一封信：即使你有多么不幸，但你至少还有奶奶对你不离不弃。即使你爸爸对你不闻不问，但你还有大伯对你关怀相送。即使全世界都抛弃你，你还有你自己！当你在抱怨没有鞋穿的时候，别人可能连脚都没有！

作为一个渺小的个体、平凡的教师，对学生，不能改变的现实有太多太多，但至少我们能努力去改变他们的心态，改变他们的视角，教会他们在不幸之中寻找幸运，并努力成长，成为一个幸运的自己！

重返伊甸园

赖红艳

曾几何时，老一辈的教师用行动告诉我：老师是风雨中的那把雨伞，淋湿了自己，为学生遮风挡雨；老师是长夜里的那盏孤灯，燃烧着自己的生命，照亮了学生的道路；老师是汪洋中的那条船，摆渡了人生，让真理之火在学生心田中永不熄灭……正是因为受到这样的感召，我选择成为一名教师。

弹指一挥，我成为一名教师已快十年。蓦然回首，激情早已伴随着时光渐渐消退，我们忙于学校的各种各样的评比，忙于学期末统考时那“两率一分”，忙于对调皮学生的焦头烂额的处理。日子就这样在循环往复中逝去，似乎教师职业也就是这样，直到我遇到了这样一个学生——阳（化名）。

第一次见到阳，是在2005年的夏天，当我在军训场上看到他那肥胖的身躯、笨拙的四肢、永远慢一拍的动作和那宛如天书般的字时，我意识到，他在以后的三年中，绝对意味着一个词——麻烦。

事情就像我预料的那样发生了，开学没多久，同学就给他取了一个难听的绰号——“傻佬”。课堂上，老师叫到他答问题时总会引起同学哄笑；下课时，他成为班上调皮男生恶作剧的对象；在宿舍里，他因为做任何事都比别人慢，自理生活能力很差，被同宿舍的男生排挤。虽然我也曾尽自己最大的努力，让他在班上过得开心一点，少受一点欺负，但是太多学生的顽劣以及他毫无自我保护能力的状态使一切的努力都收效甚微。每一个星期我都要处理他母亲的种种投诉，调查谁丢了他的东西，谁整烂他的文具盒，谁把他的水杯丢进了垃圾桶，谁在宿舍吃了他带的食品，谁又打青了他的胳膊……除了处理繁杂的班主任日常事务外，我几乎所有的时间都用来处理他的问题。我忙着跟他谈话，教他如何保护自己；忙着处理欺负他的学生；忙着给他调换宿舍；忙着和他的父母沟通，教他们在家如何提高孩子的生活自理能力……这样整整一个学期，我觉得精疲力竭，他的母亲也越来越不满意，认为我处理不得力。于是，他母亲开始带着他的三姑四姨亲自来学校“处理”和他孩子同宿舍的同学，在对他同宿舍的学生轮番轰炸后，唯一的结果就是班上的同学越来越孤立他，他也越来越不愿和家长说起学校的事情。因为他家长的态度，我也越来越不愿管他的事情，心里想：“全班五十几个人，我哪有空天天管你儿子的事，更何况你总是觉得我处理得不好，你就自己来处理吧。”

就这样，日子一天天过去，阳的家长投诉时，我就去教训欺负他的人一顿，阳在班上被欺负的次数少了很多，可是他在班上也越来越孤单，也越来越不快乐。

新的学期开始了，我照例带上手提电脑去上班会课，一起和学生制订了本学期的班级目标。下课了，我收拾好电脑准备带回办公室。这时，一个声音在我耳边响起：“老师，我来拿！”我抬头一看，一张憨憨的笑脸正对着我，眼里满是期待。我愣了一下，然后随口说了一声：“好！”阳于是快乐地拿起我的电脑向办公室急步走去，好像怕有人和他争似的。到了办公室，肥胖的他皮肤上已经冒出了一层细汗。我看着他那张溢满笑容的脸，心里好像被什么刺了一下。我由衷地说了一声：“辛苦你了！”

早读的铃声响起，我照例走进课室，用眼光扫视了一下教室的地面和走廊，发现了好几团废纸和食品袋。我面向全班，冷冷地说了一句：“谁愿去捡起来？”教室瞬间变得极静，我望着他们，几乎所有的学生低下了头，却没人动。突然一个肥胖的身影站了起来，那是阳，他默默地捡起了那几块垃圾，把它们扔进了垃圾桶里，然后坐回了自己的座位。那一瞬间，56双目光都注视着他，学生们的表情都很复杂，有的不解、有的微笑、有的懊悔……唯独没有哄笑，阳却毫无所觉。

此情此景，我觉得改变阳处境的机会来了，我马上表扬了一句："这就是生活习惯良好的人，也是很有集体荣誉感的人。"

从这以后，我开始用全新的眼光看他。当你去用心关注他时，你会发现他身上有很多的优点。他单纯善良，他乐于助人，他关心集体。因为他，我也认真去阅读了一本关于如何帮助智力发育迟缓儿童的书。我明白，要让他在班上真的不受欺负，唯一的方法是让他在班级里有自己的地位。于是，当他做好了一点小事时，我会经常表扬他。我鼓励他学好一个科目，让那些不需要太多文字书写的科目及格。于是，初二他做到了物理及格，初三他做到了化学及格。我教他在班上选择谁做自己的朋友，教他如何和朋友相处。渐渐地，他脸上出现了越来越多笑容，甚至会和我开玩笑，下课后也经常见到他和同学们在一起玩耍。当他被顽劣的同学欺负时，有很多同学挺身而出，为他仗义执言。

阳，你知道吗？你的善良敦厚打动了我的心，也让我重返精神的伊甸园。我愿你在人生的路上，用你的真诚与善良打动更多的人，让你一路平安！

我的德育故事

谭植华

有句话说得好，教师是一份良心的工作，因为教师的一言一行都会影响到每个学生。在中小学阶段，教师对学生产生的影响，几乎可以等量于父母的影响，所以对待学生，更加要慎言慎行。

对待不同的学生，除了爱这个核心外，其实更重要的是用不同的方法和各种个性的评价标准。也许教师的一句无关紧要的赞许，对学生来说就是一缕温暖人心的阳光。在我不长的教师生涯里，我也在一直努力让自己成为孩子心中那一缕阳光。在前年刚接手初一（10）班的时候，军训期间就开始出现很多令人担忧的情况。如胆小念家的嘉朗，不注意卫生的颖琳，管不住自己嘴巴的国峰，性格冲动的镓聪等。经历完军训后，真正进入课堂教学，学生身上的问题也愈加突出。

一开始，最让我头痛的是嘉朗，由于小学没有住宿的经历，而且妈妈比较宠爱，造成了这个孩子非常恋家。而家长又执意要他住宿。所以用一个不过分的词形容他每天的生活，就是“以泪洗面”，这个词一点都不夸张。以前我觉得因为新环境的转变，这样的情况最多只会持续一两天，但令人担忧的是，一周过去了，情况不仅没有改变，他反而出现了不合群的严重倾向。虽然期间我也多次电话联系家长，但家长都觉得只是撒娇。第二周，我还是约谈了家长和学生，在谈话过程中我才真正理解到孩子出现这种情况的关键。孩子这样的表现，大都源自家长的溺爱。同时也看出了孩子害怕吃苦的心理。所以最终定出的方案是，转为半走读，但需要孩子每天自己坐公交回校，出现迟到等情况需要变为全住宿，该生坚持了 2 周就来找我申请全住宿，究其原因，还是家太远，每天起床太早，两害相权取其轻罢了。申请全住宿后，也没有再出现“以泪洗面”的情况了。

每个学生都有自己的特点、个性，说教不一定是效果最好的方法，像嘉朗这样的孩子，让他自己选择也许才是最有效的。经历了这次的事情后，我发现嘉朗其实并没有那么的不适应班级集体生活，反而是得到了很多同学的喜欢。为了弄明白这个问题，我一直在观察嘉朗平时的为人处世，虽然他成绩较差，每次测试总是拖小组的后腿，但他却勇于承担小组的各项任务，清洁、书写、发言等都很少出现推脱的情况。在这里我其实学到了很多，假如学生是一朵鲜花的种子，何必一定要强求他成长为一棵参天大树？让他成长为一朵散发芬芳的鲜花，不也是一样的美好吗？

润物细无声

陈湘娜

刚接手初二（14）班时，班里有个学生叫子豪（化名），长得高高瘦瘦，也白白净净，第一眼就给我留下很深的印象。慢慢地了解之后，我发现他还是一个头脑聪明、思维敏捷、篮球打得特别棒的男生。但同时，他身上也有许多缺点：贪玩懒学，过于好动，只要老师一走开，他就与周围的同学讲话，影响其他同学学习；课后作业经常抄袭，甚至置之不理，被老师逮到还找各种借口搪塞；在宿舍与生活老师顶嘴。对于这样的学生，无论家长还是老师，都很是头疼。

与子豪同学的第一次谈话是在某个周一上午，周日的晚修他请假没有回校，于是我找他了解情况。其实当时我是知道原因的，他在家与父母发生了矛盾，赌气不愿意回校。但我假装不知情，问他哪里不舒服，好些了没有。于是我们俩的聊天在很轻松、很愉快的氛围中结束。

又过了几个星期，某天下午当我正在校外听课学习时，突然接到子豪妈妈的电话，这回不再是请假，而是子豪在教室与英语老师发生冲突，将整张课桌都掀起来了。于是我赶紧回校，同时把子豪的爸爸妈妈都约来一起处理。向英语老师了解完情况后，子豪的父母也到了，于是我让他们先聊聊。而另一边我则找到另一个当事人——子豪，我没有一开口就批评他，而是让他自己说明事情的来龙去脉。从子豪的眼中，我已经看出他的悔之不及了。一方面，他的行为给英语老师留下了极坏的印象，另一方面还要接受父母未知的教训。便安慰他："你是我们班最勇敢的男生，要敢于承认自己的错误。班主任也相信你并非有意与英语老师作对，但事情已经发生了，我们能做的唯有将功赎罪，尽力弥补。英语老师生气是应该的，一把年纪，教了那么多年书，这可是第一次被学生当堂掀桌子，你让老师的脸往哪里搁？你让老师以后还怎么在班里上课？以后还要不要教你？事已至此，作为男子汉，我们应该勇敢地向英语老师道歉，而且是当着全班同学的面。只要态度诚恳、真心诚意，并保证下不为例，老师一定会原谅你、接受你的。”经过我的一番开导，子豪也默默地点了点头。我这才把他领到办公室去。一坐下来，子豪爸妈一顿说教，英语老师一顿抱怨。知道自己闯了祸，不仅麻烦老师，还辛苦家长，子豪惭愧不已。向英语老师道歉时，他的眼睛已经湿润了。

经过这件事，子豪同学对我的信任又多了几分，而我也趁热打铁，经常利用早读、下课的时间与他聊天，聊聊他的学习，聊聊父母的工作。慢慢地，子豪的物理成绩有了飞跃进步，而我也毫不吝啬地在全班同学面前表扬他、鼓励他。子豪妈妈也告诉我他在家里的表现发生了极大的变化，简直出人意料。

上了初三之后，班里的体育委员转学了，于是我力荐子豪为体育委员，他从一开始的不敢当，到现在已是做得有模有样了。看着子豪两年来的变化，我也为自己的努力感到欣慰。

作为教师，我们每天所做的都是再普通不过的事情，但对于某些学生来说，你的一次谈话，一个眼神，一个动作，都有可能让他发现更好的自己。

我的教育故事

骆　琳

西方一位教育家曾说过："Tell me, I will forget. Show me, I may remember. Involve me, I will understand." 多年来的英语教学让我真切感受到这一点。在英语课堂上，如果能恰当地把英语教学与情感教育有机结合起来，设计各种学习活动，帮助学生树立正确的世界观、人生观和价值观。那么，课堂教学会变得更丰富、深刻，达到"无声胜有声""快乐教学"的效果。这是学生的心声，也是我们教师由衷的渴望。在此我想与大家分享一个小故事。

在我印象中有一堂这样的课。那天，教学进行得很顺利，学生们聚精会神，课堂气氛也非常活跃。这堂课的教学目标是要求学生能听、说、认读单词 doctor, nurse, driver, farmer, baseball player，并能介绍人物的职业；能够听懂、运用句型 What's your father? My mother is a doctor. 等。我设计的教学思路是，先复习上节课的生词 family, uncle, aunt, parents, baby brother，由这些人物图片的服装或动作引出表示职业的单词，并学习这些单词，做一些趣味游戏；在初步掌握这些单词后，再学说句子 What' s your father? My mother is a doctor. 等；然后再做一些练习与活动，巩固所学知识。课堂按我设计的步骤进行着，在学习了五个生词之后，我引导学生说说自己父母的职业：What's your father? What' s your mother? My father is a ... My mother is a... 任务提出以后，学生的反应并不像往常那样积极，而是有点出乎我的意料，举手的人寥寥无几，有的甚至低着头，不敢看我，生怕我叫他一样。我有些疑虑，但还是先叫了那几个举手的学生回答。"My father is a driver/boss... ""My mother is a nurse/ teacher..." . 他们回答之后，就再也没有举手的人了。我原以为是我刚才讲得太快，很多学生没听清楚；或者是他们单词还没学好，对自己没信心，不敢说；又或是别的什么原因。于是我耐着性子，把刚才的话从头到尾重复了一遍，经过再三提示和鼓励，终于有几只小手举了起来。我欣喜若狂，赶紧请他们说。我问道："What's your father?"他好像很不好意思地说："My father is a farmer."我又问了其他几位学生，回答大多数是"My father is a farmer.""My mother is a farmer, too."而且他们说话的声音很低，勉强能听得见。此时，我心里已经猜到了几分，于是我面对全班学生，有点生气地问："farmer 怎么了？farmer 不好吗？你们都看不起 farmer 是吗？"这时，阿鸿（化名）最先举手说："Mrs Luo, 做老板——boss，才是最好的职业，很有钱。我爸爸就是大老板，每天开车送我上学。"阿佳说："Mrs Luo, 我妈妈说，做农民又脏又累，又没有钱，还被人瞧不起。她要我好好读书，将来找个好工作，挣大钱。""Mrs Luo, 我觉得当医生好，可以给很多人治病。""Mrs Luo, 我要做工程师，把我们的城市建设得更美丽。"大家各抒己见，什么说法都有，可就是没有人说要当农民——farmer。我一直没有回应，显然，孩子们的答案不能使我感到满意。

这时，我已经完全明白了，原来他们不是因为没听清楚、学不好，也不是因为别的原因，而是因为自己的父母是农民——farmer，而感到没面子，怕被同学或老师笑话，而在同学面前抬不起头。在他们心目中，老板、科学家、工程师、医生、教师等等都是令人羡慕的职业，而"farmer"却是"被人瞧不起、又脏又累"的职业。我不禁有些担忧起来：小小年纪，对职业就已经有了这么鲜明的立场了，而且……我不敢想象，要是这样发展下去，将来会怎么样呢？我犹豫了一下，有些语重心长地说："同学们，当老板、科学家、工程师、医生、教师当然很好，可以为社会做贡献，为人民谋幸福。可是如果没有农民——farmer, 这个世界又会是什么样呢？"我让学生四人一组讨论，再汇报。此时，同学们似乎有些意识到我的用意了，汇报时，有的说："如果没有农民，我们就没有粮食了，'民以食为天'嘛，没有农民我们就活不下去了。"有的说："没有了农民，我们就没有了棉花、丝绸等原料，也就没有衣服可穿。"还有的说："没有了农民，我们的生活将无法正常进行。"他们说得真好，我非常满意，不禁要为他们鼓掌。

我想，要想改变他们的观点不是一朝一夕就可以做到的，我们要慢慢来。不管怎样，他们现在说的正是我所期望的，所以我很高兴地表扬了他们，告诉他们："职业没有高低贵贱之分，各行各业的人都是平等的，这个社会缺少哪一行都不行，我们应该根据能否为社会做贡献来评价和选择职业。'三十六行，行行出状元'，只要我们努力工作，一心一意为人民服务，我们一定会干得很出色，一定会受到别人的尊敬……"孩子们听得比任何时候都认真，下课铃声已经响了，他们还久久地沉浸在我的话语之中。

放下浮躁，重新成长

——我的教育故事

林丽斯

2011 年我担任了初一（16）班的班主任。通过对军训过程的观察，我挑选了一部分同学作为班干部的培养对象。其中 K 同学便是让我最满意，准备大力培养的核心干部。K 同学成绩优良，外向活泼，聪明机灵，积极为班，不怕辛劳，心思细腻，做事一丝不苟……很快，他在班上赢得大部分同学的认可，成为了我们班的班长。

随着时间的推移，K 同学的一些不足之处慢慢地显现出来了。开学初便获得成功，多少让 K 同学有些飘飘然，开始变得自大起来。尽管他在课堂上依然认真学习，但常忘乎所以地大声插嘴；尽管他能对老师主动问好，但也常与老师顶嘴，得理不饶人。更让我气愤的是，这位优生，竟然在开学不到一个月就和班上的一位女生"谈恋爱"了。初一第一次期末考试那天，他竟然还在学校和外班的男生打架。半年来，他触犯了不少校规。我知道，"对付"这样的学生不能硬来。这次事件让我出师有名，去掉了他的班长头衔，以此来削弱他对班级的不良影响。

多次的谈心和思想工作都未能让 K 同学有所改变。所谓"意见接受，态度照旧"正是如此。早熟的 K 同学叛逆期比别的同学都来得早，到了初一下学期，情况更是糟糕。他不仅多次与班上的科任老师顶撞，居然还为他"女朋友"受责骂的事情来质问我，怀疑我向家长告状。我作为班主任在班上讲话时，他要么低下头，要么露出不屑的神情。缺乏经验的我不免感到底气不足，内心不安的同时，对 K 同学的厌恶感更是有增无减。

一天，我接到宿舍生活老师的来电投诉，投诉 K 同学在宿舍多次违反宿舍条例。其实并不是什么大事，都是一般学生偶尔会犯的小毛病。但鉴于K同学气焰太盛，我决心要挫其锐气。于是我建议生活老师，若是触犯条例达到一定次数，可按规定对其进行停宿处分，即使在大考期间也应如此，以达到惩戒的效果。但为免学生对班主任老师产生抵触情绪，希望生活老师能告知学生这是宿舍办公室对其的处分。一星期后的某天晚修，我发现K同学没在教室。（此时我还没知晓停宿已生效。因为根据我校停宿办理流程，应由宿舍部开具停宿证明，再由学生交由班任签名，而此前我并未为K同学签写任何证明。）我再也抑制不住心中的怒火，因为我此刻已认定了正是由于K同学对我的蔑视和罔顾校规才会一声不响地离开学校。我马上打通了K同学家长的电话，将他逃学的事情告知家长，并一再声明我并不知道他被停宿一事，也未曾为其签字确认。我想，既然我“收拾”不了你，就让你家长来治治你吧。

结果，我得知了一个晴天霹雳的消息：K同学的家长得知此事后对K一顿暴打，把K打出了家门。

这可怎么办才好？我从来都没想过会出现这样的结果。幸好，翌日，K同学如常回到学校。他的眼里暗淡无光，而看着我时，几乎可以说是满满的仇恨。在我和他私下谈话的时候，好一阵子，他沉默不语，然后是泪光伴随着哽咽。K几乎是哭诉着：“生活老师告诉我是班主任建议停宿的，我以为你知道了就不必告诉你了。那天你告诉我爸，我爸都不问缘由，让我跪在地上，不断地骂我，骂着骂着还猛地打我，我实在顶不住，我说什么他都不听，只能逃出去了。”

逃离家门的那天晚上，K是睡在顺峰公园的长凳上的。

愧疚，自责，我内心充斥着各种懊恼与悔恨。

在此以前，K早已跟我聊过他爸爸的问题，他说过他在一个暴力家庭长大，母亲没有给他充足的母爱，和爸爸一样只关心成绩高低不关注性格培养，爸爸的教育方式也只有打骂，每次打都是往死里打……

在我的劝说下，K同意了先暂住在叔婶家，避免在外流浪，但却不肯回到自己的家中，不愿面对那位爱他却不懂表达爱的父亲。

我突然领悟到，作为一位年轻教师，我除了要帮助学生成长之外，还要与学生一起成长。重新跟随着我的学生，重走那段暴风雨之旅，回顾自己成长经历的同时，以一颗宽容的心去看待学生成长。允许学生犯错，允许学生放慢成长的脚步。

此后一年里，我时刻牢记着这个教训。经一事，长一智，我对学生们多了一份平和和宽容。我也未曾忘记帮助K同学修补他和父亲的关系。经过两年来不间断的约谈，K父亲也意识到他应为家庭关系作出改变。在最近的一次班会上，我鼓励K同学大胆写下对其父的心底话，以信件形式转交给K的父亲。

K在班内没再继续当班干部，反而更能专注在学习上，成绩取得了很大的进步。偶有淘气表现，我也一笑置之，淡化处理。他身上仍有缺点和不足，但暴躁的性格渐渐变得温和。他的脸上多了笑容，与我的关系也缓和不少。新年时，我还收到了他给我送的家乡小吃和贺卡。

我能肯定的是，在教育孩子的问题上，有心付出了，是必然有收获的。

我身边的教育故事

——拥有宽容和关爱

麦伟频

俗话说："冰冻三尺，非一日之寒。"后进生的形成是一个漫长的过程，帮助转化后进生也非易事。这就要求我们要有高度的责任感，以及对后进生倾注真诚的"爱"。捷尔任斯基曾说过："只有用爱才能教育好孩子。"后进生由于"后进"，所以往往被忽视、被冷落。殊不知，学生看起来最不值得爱的时候，恰恰是学生最需要爱的时候；殊不知，错过一个教育学生的机会，没准就错过学生的一辈子。后进生同样拥有一颗真诚纯洁的心灵，也有被尊重、被赏识的愿望。对后进生而言，只有诚挚的师爱，才能填补他们的心理缺陷，消除他们的心理障碍。所以，班主任应当对他们给予更多的教育、引导、宽容和关爱。

2012 年我接手初三（15）班，该班一男生梁某，纪律涣散，无心向学，上课无精打采，要么搞小动作，要么影响别人学习，下课龙精虎猛、追逐打闹、打架，爱欺负女同学；作业从来不交，成绩很差（理科考试成绩通常只有几分，文科成绩经常是三四十分）；就连老师和家长的教育也不太乐意接受……家长无奈、科任老师头痛，其他学生学习也受到负面影响。其行为严重危害班级管理工作的正常进行，就连其父母亲也认为该生无法挽救了，但我没有放弃对该生进行帮助、转化。后来我通过对他进行一段时间接触、观察后，初步掌握了他的基本特点：思想不坏，但自尊心极重，自我约束能力极差；智力不差，但学习态度不端正，好动贪玩，怕苦怕累；初一、初二时曾与老师发生过争执，给老师留下过不好的印象，各种原因的综合作用下，导致他采取自暴自弃的态度。

为了转变他的想法和行为，我尝试用宽容和关爱来感化他。一方面，每当他做错了事，我并不当众责备他，总是单独找他谈心，指导他如何控制情绪、处理同类事情。为了让他重拾失去的自尊心，在长达半年的时间里，我既包容着科任老师、同学对他种种坏行为的投诉，也体谅着家长对他恨铁不成钢的心灰意冷，甚至为他受了不少委屈，但心中依然坚持这个信念：无论如何也要拾回他失去的自尊心。另一方面，利用其胆子大、爱面子、头脑灵活等特点，对他委以重任，让他做公物保管员。针对他的性格特点——纪律涣散、情绪化，有的放矢地对他进行教育，并且利用所教学科——政治科的特点，经常为他列举因为纪律、法律意识淡薄、情绪化而触犯法律并受到法律制裁的事例，帮助他提高知法、守法意识。我还积极与其家长沟通，建议他的家长该如何关爱、帮助其克服不良的行为习惯。总之，该生一有进步，我就设法给他“报喜”，使他感到老师时刻在关注他，这样他就增强了自信心和自觉性，从而获得了更大的进步。一个学期下来，梁某再也没有打过一次架，待人接物的态度也有了明显的好转。学习方面，由于该生基础太差，尤其是理科。因此，我建议该生从语文、政治、历史科开始，争取达到及格，并专门安排两名责任心强、成绩好、乐于助人的同学辅导他这三门学科。目的是发挥同伴的力量，在一定程度上让他感受到同学的关心和集体的温暖，同时我也因势利导地教育全班同学，做人要有广宽的胸怀，用包容的心态对待同学的缺点，肯定他人的进步。刚开始时他配合得不太好，有不懂的问题不会请教别人，两位同学主动帮助他，他也爱理不理。在这种情况下，我找他谈心，晓之以理，动之以情，说清学习的重要性，如果不改正错误，必然影响自己的毕业，甚至将来的前途。他逐渐认识到自己的不足，并决心改正缺点，努力学习。

在老师的教育和同学的帮助下，该生的成绩突飞猛进，在期末考试中，语文 81 分、政治 68 分、历史 64 分，其他科目也有不同程度的提高，达到了预期的目标。同样，在对待公物保管员的工作中，他能做到主动认真，多想办法，尽职尽责，班上公物无一被人为破坏。为了鼓励他，我奖给他一本笔记本、一支笔和一张奖状。老师、同学的肯定，家长的表扬以及看到自己的进步，使他找到了学习的信心和乐趣。

我认为，转化后进生只要抓住要害、抓住时机、抓住重点，并辅以行之有效的方法和方式，后进生各方面将会取得令人满意的效果。通过一学年的努力，他已由一个令人头痛的问题生变成一位懂礼貌、守纪律、对学习有信心的学生！家长由衷感激学校，逢人就夸学校教育有方。毕业后收到他发来的短信："老师您好，最近工作辛苦吗？身体还好吗？工作时不要再那么拼命了，要注意身体呀！我们放假了，都说来看看你……"读完短信，我眼睛湿润了。

爱是教育的真谛

魏　晋

回首十几年的教育工作与生活的点点滴滴，猛然间觉得自己很幸福、很富有。因为那些带给我感动的人、带给我感动的事、带给我感动的眼神、带给我感动的话语时刻充盈着我的记忆，直至在心底烙下幸福的烙印。拿什么感谢你———我可爱的孩子们。谢谢你们带给我教育的美好与感动，谢谢你们让我更好地学习与成长。

有人说，在所有的艺术当中，唯有育人是艺术中的艺术。它虽然不像其他艺术那样扣人心弦、动人魂魄，但它却春风化雨、润物无声。我想正是因为有爱的渗透，教育才会有如此无穷的魅力。

刻骨铭心的往事

那一年，刚从学校毕业的我很快就成了孩子们的大朋友，他们很喜欢上我的课，学习非常勤奋和努力，我也深深地爱着他们。一件深深感动我的事让我至今仍难以忘怀。那一年，我正遭受不幸的打击，当我在办公室接完电话哭着跑回单身宿舍时，恰巧被班上一个同学看到。过了一会儿，正在宿舍里哭泣的我听到门外传来了很多脚步声：并听到孩子们的呼喊声：“老师，你怎么了？”“老师，你开开门吧！”我没有理会他们，仍然沉浸在自己的悲伤里。又过了很久，门外的声音消失了，听到孩子们离开的脚步声。我继续着我的悲伤……不知过了多久，我听到一阵窸窸窣窣的声音，门缝里塞进来很多纸条，我捡起来看，上面写着：“老师，我不知道你遇到了什么事情，但你一定要坚强点”“老师，你不要伤心了，我们都好难过”……读着那些纸条，我的心一阵颤抖，泪水又一次喷涌而出，这次是为这些可爱的孩子们……第二天，我刚走进教室，全班同学唱起了《祝你平安》，听着孩子们的歌声，我的眼眶又一次湿润了……

这件事已过去多年，但它影响我至今，是那些孩子们让我感受到了爱，教会了我爱，让我懂得了在今后的教学生涯中如何用爱去和他们沟通，用宽容去感化他们……

用真情与孩子们沟通

为了拉近师生距离，让孩子们喜欢我信任我，我非常注重与他们的沟通、交流，而这份沟通、交流主要是通过周记的形式进行的。很多同学都在周记里向我诉说着心事，有来自学习的压力，有来自同学之间的误会，有来自家庭的烦恼，有的反映班上一些不良现象……打开每一本日记，看到的是一颗颗真诚、纯真的心。在这个过程中，我认真对待每一位孩子所记录的心情与心事，认真阅读，认真批注，寻求一份师生间没有距离的沟通，让他们能把周记当作与老师聊天、谈心的纽带。对于他们提出的问题和倾诉的心事，我都能及时给予反馈和关怀。轻轻的一声叮咛，浅浅的一个微笑，给他们的却是一份莫大的支持。而通过这样的交流与沟通，我不仅能很好地了解学生的情况，把握他们的心理、学习、生活状况，更重要的是，我能站在平等的位置上，用一句句真挚的话语把爱洒向每一位学生。平时，只要个别同学的成绩有微小的进步，同学们在期考甚至堂小测中取得一点微小的成绩，我便抓住机会，鼓励他们，给他们信心，让他们明白到我们并不比重点中学的同学笨，只是以前的我们不够勤奋。我们只要行动起来，就一定可以赶上他们。课余我也“见缝插针”，在走廊、办公室、路途中遇见我们班同学，我都问候、鼓励他们几句，让他们觉得老师很关心他们。我简单的几句话，有时却会对他们产生深远的影响。

用宽容温暖孩子的心

一位哲人说过一番耐人寻味的话：“天空收容每一片云彩，不论其美丑，故天空广阔无比；高山收容每一块岩石，不论其大小，故高山雄伟壮观；大海收容每一朵浪花，不论其清浊，故大海浩瀚无比。”对学生多一些宽容，多从他们角度来看问题，设身处地地去思考，师生关系能不和谐吗？

如阿昌（化名）同学，他以前是个双差生，初一时曾被给予记大过处分，而且该生家庭条件较差，脾气很倔，他刚分到我们班时（初三时学校为了方便管理实行分班），很多同学一听他名字就开始议论纷纷，我严厉批评了这些议论的同学，并要求他们以发展的眼光看待新同学。我主动找到阿昌同学，询问他的生活情况以及个人需求，当我得知他无钱交费又未办到扶贫证时，我主动帮他向学校申请费用减免；得知他没钱买练习本，我把自己的送给他；他平时犯了错误，我一般不当众批评他，而是课下耐心地给他讲道理。久而久之，他感受到老师对他很关心，变得很有礼貌，远远见到老师就会问好。有时发现他的一个优点，我会立刻表扬，慢慢地，他的不良行为习惯改变了许多，整个初三阶段，他没有犯过大错误。总而言之，我认为宽容学生的错误并不是纵容，只是为了让他更好地认识错误，从而更好地改正错误，获得更大的进步。可以说，它是严格的另一种表现，是情感教育中必不可少的。只要我们用心、用情、用意去关心、爱护、帮助、感化他们，就一定会收到效果。

“问世间情为何物，直教人生死相许。”这虽然说的是爱情，但可见情对人的影响至深，师生情也如此。你爱孩子们，他们能不爱你吗？这就是我在教师生涯中的最大感悟。

一张小纸条的爱

徐秀环

这节课我在B班上课，发了一份综合复习题，看着一个个学生认真做题的情景，一丝欣慰涌上心头。埋头奋笔疾书的课室里，安静和谐。就在这和谐之中，一个女生引起了我的注意，她目不转睛地盯着自己的左手腕，确切地说是神情呆滞地注视着。是她——小婷（化名）——一个眉清目秀的女孩。我是B班的生物老师，一周才上两节课，但提起小婷却非常熟悉。她就是所谓的问题女生。父母离异多年，她常年跟着年迈的外婆一起生活，不听外婆管教，无心向学，拍拖，打了很多耳钉，电过卷发，甚至有过夜不归宿……想着小婷的种种劣迹，我既生气又心痛。

本想大声提醒她，又怕惊扰到其他学生，就想轻轻走到她身前再提醒她吧。刚想提醒她认真做试卷，可话到嘴边又被我憋回去了。因为我看到她左手手腕处有很多道深深浅浅的伤痕！我心头一紧，难道她——再看，这些伤痕不像割腕那样深刻而决绝，更像是用小刀或圆规之类的尖锐物品划的。当我想再看仔细一点时，小婷已发现我在注视她，迅速缩回左手，藏到桌洞里了，右手胡乱抓起一支笔，眼神中满是惊恐和不安。我心里突然隐隐作痛，不知该说什么。

走回讲台，坐下，想着以前看到学生不认真、走神等我会大声地提醒，甚至批评，而今天我却一句话也说不出来。我拿出一支笔，在一张小纸片上匆匆写下几句话："小婷，我不知道发生了什么，但当我看到你手腕上的伤痕时，心里很痛，很想哭！傻女孩，无论发生什么，无论别人怎样对待我们甚至伤害我们，我们都要爱自己，不能伤害自己呀！一个人只有先爱自己，学会爱自己，才会爱别人，也才有能力爱别人呀！一个连自己都不爱、不珍惜的人，又怎样去爱别人呢？”

我轻轻走下讲台，巡视课室，走到小婷身边时，若无其事地将小纸条放到她桌子上，然后继续巡视学生做试卷的情况。我偷偷观察她，发现一颗晶莹的泪珠从她脸颊滑落，打在试卷上。“嗒”，似乎打在我的心上。唉，她哭了，难道是我——在我思索下课后如何与她沟通并将情况报告给她的班主任时，我发现她也在写小纸条呢！我紧张、焦虑的心稍稍放松下来。下课了，小婷低着头走向我，递给我一张小纸条，惊慌地看了我一眼后迅速走开了。

我回到办公室，打开看她课堂上所写的纸条：“徐老师，我一直以为您是A班的班主任，就只会喜欢、关心A班的学生，不会关心我们B班，更不可能关心我。但是我错了，今天我才发现您是关心爱护我们B班的，包括我。老师，我男朋友和我分手了，我很伤心，觉得这个世界上再没有人爱我了，所以——”不知道是她不想说，还是由于下课了时间不够写，纸条内容突然就没有了。

看完后，我心里久久不能平静。一个从小缺少父爱和母爱的孩子，一个没有安全感的孩子，在青春期拍拖了太正常了。她寻找关注、寻找关心与爱护，难道有错吗？于是我再次写了一张小纸条给她：“小婷，看到你的小纸条，我很感动，感谢你对我的信任！你在纸条上称呼我时用了‘您’字，说明你是一个懂得礼节、尊敬长辈的孩子。他和你分手，这是他的损失。你又何苦为了一个不懂得珍惜你或根本担当不起责任的人而伤害自己呢！小婷，别再做傻事，还有这么多人关心、爱护你呢！好好爱惜自己，有一天你会遇到一个你爱他，他也爱你的人，那时你就真正长大了，也会很幸福！”

很快，我又收到了她回复的小纸条：“谢谢您，徐老师！我也想明白了，我要好好活着，不再自暴自弃，不再伤害自己了。看您大着肚子给我们上课那么辛苦，我不好好学习，还让您为我担心，太不应该了。对不起，徐老师，您看着吧，我知道怎样做了。”于是我放心了，我在最后那张纸条上只给她写了一句话：“小婷，好孩子，我相信你，我看着呢！”

后来上课，她都很认真，平时生物成绩40多分的她，会考时考了78分。一年后暑假的一天，我突然接到一个电话——是小婷，她欣喜地告诉我，她考到了江门幼儿师范学校，将来准备做一名幼儿教师。她不停地讲着刚刚过去的初中生活的点点滴滴，开心、不开心，什么都讲，而我只是静静地听着。最后，她动情地说：“老师，谢谢您，是您挽救了我！”

后来我常想，如果我当时看到她在课堂上不写试卷、发呆走神，就大声批评她，甚至斥责她的话，会不会把她推向更加绝望、更加危险的境地呢？一念之差，也许结果会有天壤之别，甚至无法挽回。一张小纸条传递的爱又有多深呢？但却在合适的时间给了一个在伤心、绝望边缘徘徊的孩子一丝温暖和希望。

苏霍姆林斯基曾说：“没有爱，就没有教育。”罗兰也说过：“爱是生命的火焰，没有它，一切将变成黑夜。”教师的爱是滴滴甘露，即使枯萎了的心灵也能苏醒；教师的爱是融融春风，即使冰冻了的感情也会消融。

一张小纸条传递的爱，让我感动，也让我成长。我会在日常的教育教学工作中继续用爱呵护每一个孩子的身心，陪伴他们健康成长！

我的教育小故事

杨学彬

小梁（化名）是我们班成绩比较靠后的学生。在他稚气的外表下是性格暴躁、冲动，态度蛮横，有打架倾向，不服从管教。他平时沉默寡言，在犯下错误之后常常一声不吭。这样的一个孩子，虽然有着种种恶劣行径，例如辱骂班干部等，但他身上也有心地善良、体谅父母等优点。虽然到现在为止，他还是会时常犯下一些错误，成绩也没有往前进。但是他的行为确实在一点点地变好。本文就是我与他之间的两个教育小故事。

故事一：初一上学期一开学，小梁同学就开始了他的住宿生生活。既然是集体住宿，肯定要遵守一定的纪律和服从管教。但是小梁同学以他特有的方式向我展示了他的脾气，也拉开了我与他“斗争”的帷幕。

事情是这样的。学校晚修结束后，会打预备铃使学生先回到宿舍，一段时间后，再打正式铃让学生安静下来并睡觉。而小梁同学却在关灯打正式铃之后还在说话，被宿舍管理人员叫出来罚站。脾气暴躁的他在我面前小声地骂了管理人员一句“神经病”，而且还想打管理人员。管理人员虽然听到了，但是不好意思当面发作，交由我这个班主任进行处理。我就这件事情的经过、他做得不对的地方和每一点会有什么后果对他进行了教育，并且以换位思考的方式向他讲了骂人的利弊，但他就是不为所动。

说实话，第一次遇到这样的情况，我的内心也有些不知所措。他当时气哄哄的样子，头高昂着，下巴朝向我这边，活像只满身尖刺的刺猬，叫人无从下手。我决定把他放一放，改日再谈这件事情。因为从他出来了这一点来看，他并不是一句话都不听的。

翌日，我抓住他在公区值日的时机（正值他也被人骂了神经病），把他拉到人员较为稀少的地方进行谈心。今天他看起来心情似乎不错，我以聊天的方式谈到教官（此时军训刚结束不久），问他："你打得过教官吗？"他说打不过。我又问："你打得过这个世界上的所有人吗？"他也说打不过。我趁机跟他讲："世界上很多事情都不是能够靠打来解决的。你打了别人，事情就算是解决了吗？那个管理员有错吗？如果你只是为了一口气就去打别人，最后对自己是有利还是有弊？是真的解决问题还是制造问题？"他沉默了。我再接再厉："就拿你今天被人骂这件事情来说，如果别人打了你，你觉得那个人怎么样？是不是很没有素质？这件事情通过打的方式解决了没有？"他沉默了。小梁的话并不多，我也不知道这样子达到了教育的效果没有。这件事情就这样过去了。当然这只是刚刚开始而已。

故事二：小梁虽然脾气很暴躁，又冲又拽，但是也有柔软的一面，就是他很恋家，很能体谅自己的父母的辛苦，只要适当地引导，很多错误他都能够承认并且改正。

至于我是如何发现这个特点的，其中还有一个故事。具体的日子我忘记了，只记得那一天一位学生干部急匆匆地过来找到我，说小梁在课室里面玩手机被老师抓到了。我的心里咯噔一下，当即跟着学生干部一起来到课室。此时的小梁正在被语文老师罚站和批评指正，他如往常一样，面无表情，一副无所谓的样子，说他拿出手机只是为了查资料而已，并没有抄袭。多说无益，既然不肯承认错误，那就来办公室写检讨，并且这件事情很严重，所以也引起了级长的注意。在他写检讨的过程中，我、语文老师以及级长三位老师决定打电话给家长。小梁在听到打电话给家长后，眼泪瞬间就奔涌而出，一边写检讨一边哭着说不要告诉家长。我问他为什么，他一边抽泣着一边说："我爸爸很辛苦的，每天都要监督工人装修到很晚。妈妈又要上班，又要照顾刚出生的妹妹。我不想给他们添麻烦，我下次再也不敢用手机作弊了。"

我趁机安慰他，并和他做了一个约定："老师可以不打电话给你爸妈，但是你的检讨书必须要写好，并且要做到以后不再犯，你能保证吗？”他说可以，并且乖乖地写好了检讨书，我看完，就放他走了。由于带手机到学校是很严重的事情，我最后还是通知了家长，只是要家长保密，并要求家长严格控制手机使用问题。虽然事情就这么过去了，但是小梁心中这块柔软的地方还是被我发现了，成了以后解决小梁问题的切入点和归宿。一般来说，要抓住这点都能解决一些问题。

一个学期过去了，虽然小梁在很多事情上还是冥顽不化、不知悔改；虽然他还是不喜欢学习，天天在教室里面发呆。但是比起之前，他已经进步了很多。他知道遇事不能靠打来解决，要忍耐。有时候没有忍住，他会跟我说；有些小错误，跟他说了他会去改正。他比很多孩子都要细心，即使因犯错被留堂而生气，也会很仔细地关好门再走。教育是一项需要耐心、爱心和细心的工作，希望跟我们一起成长的孩子能够在这短短的几年时间里有所进步，哪怕一点点也好。

一切源于爱

——我的教育故事

刘旭芳

“燕子去了，有再来的时候；杨柳枯了，有再青的时候……”而岁月却是如流水一样一去不复返了。多年来为人师表，在教坛上不断演绎着自己的教育教学故事，许多已随时光的飞逝而渐渐淡忘，以致消失得了无踪迹，但仍有一些如同深根般扎在我的心间。虽不曾惊天动地，却也历历在目，至今难忘，见证着我的成长。

那是去年的事。由于学校工作的需要，我担任了初一（12）班的班主任。通过几周的观察了解，感觉班上的学生总体来说还可以，相对较乖巧，善于听指令，但不会灵活变通，接受能力、反应能力较差，对语言文字的理解力也较差，学习习惯也不尽人意；男同学胆量较小，缺乏自信、沉默不语的人较多。其中，令我印象最深的就是他了。

他叫阿毅（化名），个头较小，瘦小的脸上挂着副眼镜。说实话，从各方面来讲，他在班上一点都不出众，混在人群里，别人也不一定记得起他。关注他，是缘于他妈妈开学时的一个电话。这通电话里，他妈妈开诚布公地和我讲了很多，主要强调的是孩子的内向、沉默，甚至是自闭。若非他妈妈这么说，我真看不出班里哪个同学会内向到自闭。接下来的几天，我时刻关注着阿毅的一举一动，果然，他除了上厕所之外，基本上是坐在位置上一动不动的，既不与人说话，也不参与课间活动。“难道他真的自闭了？”我不确定。随即，我利用晚修的时间找他谈话。站在走廊上，面对着我，他显得异常的紧张与不安，双手和双肩以及头部不停地不自觉地抖动，说话的声音也极小，所有的不安与不自信全透过走廊微弱的灯光写在了他的脸上。为了避免尴尬，聊了几句后，我便放他回了座位。之后的一段时间，怕再次引起他的不安，我没敢再单独找他谈话，只是课堂上时不时会提问他，评作业时会时常表扬他，他依然还是那样的腼腆、不爱说话。

直到他妈妈的另一个电话一下子打破了这份平静。

记不清是哪周了，只记得是家长给孩子送汤水的日子，阿毅妈妈来电话了。电话那头，阿毅妈妈泣不成声，我以为出什么大事了，便一个劲儿地安慰她。几分钟后，她终于平静下来了，和我讲了事情的原委。原来，今天她送东西过来时，看到阿毅同宿舍的同学个个活蹦乱跳，有说有笑，而阿毅的脸上却始终没有笑容，也不与同学交流，她担心他的儿子这样下去会产生自残的想法。听到这句话我震惊了，自残！多么恐怖的字眼，居然从一个爱儿子的母亲嘴里说出。

我问她为什么会有这个可怕的担心，她说，前几天她邻居的儿子就是因为自闭，自残死了，她很害怕她儿子也这样。我又问："那他爸爸呢？"问完，电话那头是长久地沉默。几分钟后，他妈妈和我讲了她的家庭。原来，6 年前，阿毅的父母离婚了，阿毅跟了妈妈，后来父母双方又各自有了新的家庭，从此阿毅变得敏感而自卑，不愿与人交流，拼命地读书，但四校联考时又没考上理想的一中，这对他更是一种打击。所以，阿毅妈妈才有了这种担心。挂断电话后，我想了很多，想到了家庭环境对孩子的巨大影响，想到了作为老师的重大责任与使命，也想到了对这个孩子我要加倍关注和关爱。其实，孩子的自尊自信就像露珠，需要老师的加倍呵护，这种呵护就是爱。而有爱的教育才是真正的教育。

在接下来的教学中，我时刻关注着这个孩子，不断地提问他，时常地表扬他，并向其他科任老师讲述了他的特殊情况，让他们一起来关注、关爱他；同时，我利用班主任的便利，给他安排了一些职务，如图书管理员、小组长等，这些职务不太需要"抛头露面"，只要有责任心就行。渐渐地，我欣喜地发现，他开始有变化了。课堂讨论时，他开始慢慢与人交流了；课后放学时，他不再形单影只，而是有了自己的朋友；在宿舍照相时，他偶尔也会露出一丝微笑，点点滴滴，我看在眼里，喜在心里……

很快，我们迎来了升上初中的第一次家长会。家长会上，我迫切地想看到这位伟大的妈妈，但意外的是阿毅妈妈没有出现，坐在阿毅身边的是一位穿着简朴、手拿相机的中年男人。整个会场里，给我印象最深的就是这位中年男人，他拿着相机，时不时在我的家长会过程中拍几下，结束时，他还问我要了 email。我不是第一次做班主任，第一次开家长会了，但却是第一次遇到手拿相机、问老师要 email 的家长。后来查看家长签名，我才知道这位便是阿毅的亲爸爸。至今仍令我惭愧的还有一件事，那是这次家长会的后续。家长会后第三天，阿毅爸爸通过 email 给我写了一封很长的信，字字真情流露，那是一个父亲对儿子深深的亏欠和愧疚。遗憾的是邮件一个月后才被我打开来看，看完信后，我后悔不已，如此有心的家长竟被我“冷落”至今。虽然后来我有心补救，但总觉得于心不安。从此，我更谨慎地对待每一个孩子的家长，善待每一个人。因为善待孩子，善待他人，你会赢得更多的信任和支持。

过去的过去，成长不断，皆因有爱。未知的未来，依然会有更多的精彩故事等待着我们用爱去演绎。面对未来，我依然愿做一个幸福的追求者，恪守着对教育的忠诚，耕耘着希望、播撒着爱心，在教育这片圣土中，活出自己的精彩！

用心感受，体会成长

李　曼

首先我想以俞敏洪的一段话作为开场白，记得他曾经说过：“人的生活方式有两种，第一种方式是像草一样活着，你尽管活着，每年还在成长，但是你毕竟是一棵草，你吸收雨露阳光，但是长不大。人们可以踩过你，但是人们不会因为你的痛苦，而他产生痛苦；人们不会因为你被踩了，而来怜悯你，因为人们本身就没有看到你。所以我们每一个人，应该像树一样的成长，即使我们现在什么都不是，但是只要你有树的种子，即使你被踩到泥土中间，你依然能够吸收泥土的养分，自己成长起来。当你长成参天大树以后，遥远的地方，人们就能看到你；走近你，你能给人一片绿色。活着是美丽的风景，死了依然是栋梁之材，活着死了都有用。”这就是我认为的一个老师成长的标准。不得不承认一个事实：教育工作是辛苦的，我们每天都进行着大量的平凡、琐碎的工作，日复一日、年复一年。那么，是什么构成了无数教师兢兢业业、勤于奉献、淡泊名利、默默耕耘的内在动力呢？我想，那一定是教师对教育事业的满腔热爱，爱就是树的种子，是这种爱岗敬业的精神让他们义无反顾地投身于教育事业，在小事中下功夫，在简单却又伟大的教育工作中体验人生价值的实现。我们应该像树一样，在教育事业中，有目标、有计划、有追求，而不能像小草一样，像和尚一样，浑浑噩噩地混完自己的教育生涯。

如何让平凡、琐碎，日复一日、年复一年的教育工作变得有激情、有热情？除了那份爱与执着之外，还要有一颗能够感受成长快乐的心！在很多人看来，所谓的师生关系就是教师和学生在教育、教学过程中结成的相互关系，包括彼此所处的地位、发生的相互作用和对待彼此的态度等，永远都是老师高高在上，可以随时随地对学生指指点点。而新型师生关系应该是教师和学生在人格上是平等的、在交互活动中是民主的、在相处的氛围上是和谐的。只有在这种和谐的氛围中才能实现教学相长。其实我们老师缺少的就是学生身上那种创新、活力，那种合作、团体意识，那种天真、毫无杂质的纯朴和不服输的精神。他们在很多方面改变着我！

只要用心去感受，就会体会到学生给你带来的惊喜，就会感受到孩子们别样的优秀，而不是整日的抱怨和批评。记得在学校组织的一次合唱比赛中，当46位同学整齐地穿着统一的班服站在舞台上的时候，我看到的是一种齐心、团结、向上的精神。而在这背后，有着多少同学的付出。首先是班长淑瑶，当大家都很悠闲地享受八天假期的时候，她却在那么紧的时间里完成了这项任务，付出了多少时间和精力，要考虑多少琐碎的事情都可想而知，比如每个人的尺寸、衣服上的图案、颜色，包括要制作衣服的押金，心里还承受着不知每个人是否都能满意、会不会有人不喜欢等压力，并且在拿到衣服后，很细心地在每一件衣服上按照号码分类写上每一位同学的名字，并把衣服拿出来晾开散了味道，所有的一切都是她一个人搞定。她真正地把班级的事当作自己的事去做，这是我见过的最棒的一个班长。除了班长淑瑶之外，还有碧岚，她因为参加过学校的合唱训练，所以主动提出负责这次歌唱比赛的队形和设计；还有兆桦，在这次的合唱比赛确定歌名的时候，给了很多建议，想了很多歌曲，并且在周末还发信息给老师推荐《国家》这首歌。另外还有荣源、林德等几位同学，在组织大家训练的过程中，积极调动大家的积极性，维持好整个班的纪律。当然也有班上其他同学，因为有了他们的配合，事情才能进展顺利。我从他们身上学到了团结合作精神。因为他们每个人都爱着这个班级！

给我留下深刻印象的还有学校的运动会。也许参赛的运动员都知道这是初三最后一次运动会，因此都格外地重视和珍惜。在这次运动会上，全班展现了前所未有的团结、不放弃。各项工作都在有条不紊地进行着，从开始的运动员报名，在最短的时间内搞定，没有像往年一样，需要老师和班干部的动员。

再到运动会的出场式，兆桦、荣源、林德等同学积极出谋划策。远远地看到大家步伐整齐地走向主席台，我觉得很欣慰。在时间紧的情况下，练成这样已经很不错了。这也有赖于我们班负责任的班干部，在他们的组织下，整体的训练效果超出了我的想象。特别是在训练的时候，体育委员荣源一遍又一遍地强调要求，辽瀚一遍又一遍地大声而又有气势地喊着口号，林德在上场前的一刻，还不停地提醒大家声音大点。

在比赛场地上，我们大部分的运动员都带伤上场，令老师很担心。但是他们中没有一个说要放弃，都说能坚持。看着第一次参加跳高比赛的林德在跳高场地，因为脚疼，几次助跑到跳竿位置都不得不停下来，但他还是坚持跳完，最终获得第四名的成绩，让每个同学都觉得很惊讶。碧云因为脚伤，跑 200 米的时候没有发挥出自己最好的水平，下来之后哭得很伤心。淑瑶、林德在跑接力前，两腿僵硬，当我说“实在不行就换个人吧，不要勉强”时，脾气倔强的他们说一定要跑。还有淑婷等几位同学因为没有取得预想的成绩，向老师说道：“对不起，老师我没有拿到前三。”参加四人五足的八个同学在比赛前，自己组织了多次练习，从开始的步伐不统一，走几步就会摔倒到最后能够轻快地跑起来，这其中的艰辛只有他们知道。我们觉得看起来很容易，但其是连起来有很大的难度。首先，绳子绑在脚上，走的时间长了，会很勒、很磨脚踝；其次，在练的过程中难免摔跤，摔在水泥地上，可以想象不是一般的痛。我知道他们每个人的膝盖上肯定都有擦伤。此外，负责清洁的同学，很认真、负责，将喝完的水瓶回收回来卖废品；运动会的两天，值日生都坚持最后才走。每个同学都在努力做得更好，每个同学都在感动着我。

此外，在初三阶段最后一次秋游中，全班同学克服一切困难，全体出动。在他们身上我学到了自觉、执着向上、不放弃、不抛弃。

在一系列的活动中，学生们都在感动着我。面对眼前充满好奇和天真的孩子们，要珍惜，更要努力让每一个孩子的心中充满阳光，让每一个孩子在爱的抚慰下快乐成长。对每一位为人师者而言，放弃一个学生，可能会减少你的工作压力，可能会提高你的教育质量，可能会给你带来荣誉，但你放弃的却是一个孩子的美好前途，放弃的是一个家庭的希望，留给自己的也将是一个永远的遗憾！所以请记住：不抛弃、不放弃！像孩子们一样！

优等生的烦恼

——我的教育故事

麦艳娴

她，总是扎着一条小马尾，像狗尾巴一样，走起来随着步伐摆动。她叫飞飞（化名），小身板瘦瘦的，脸蛋却是圆圆的，总是挂着笑容，放学后甜甜地跟我说再见；她的性格深沉内敛，课间经常可以看到她静静地坐在座位上看书的小身影；她对待学习一丝不苟，连下课的时间也争分夺秒，成绩名列前茅。

我班缺了位副班长

上学期，我班刚撤掉了一位副班长，飞飞眨着大眼睛，乖巧地对我说："老师，我希望能够当上班上的副班长，为班级的管理和建设贡献一份力量！"我深受感动，这孩子这么懂事，品学兼优，要当副班长绝对没问题！

于是，我发动同学们珍惜自己的"选举权"，投选出有能力胜任副班长的人选，但结果却出乎意料，飞飞的票数仅有可怜的几票，败给了一些意料之外的"对手"！这一次的落选，我也没有多想，认为肯定是因为男生们淘气，想为自己投选一位男班长争口气。

飞飞的烦恼

一天，飞飞把我叫到一旁，问道："老师，我是不是一个很孤僻的人啊？"我错愕不已："怎么会呢？每一个人的性格不一样啊，有的人开朗活泼，有的人深沉内敛，但我看你和同学们相处得还不错啊！"飞飞眼眶突然红了："平常我都是独来独往，同学都说我孤僻，很难亲近……"说着说着，她小声地抽泣起来。我也十分不解，成绩好的学生通常都是比较受欢迎的啊，这是怎么回事？

原来飞飞最近申请了换宿舍，新舍友都对她不理不睬，为此，她很苦恼。但从飞飞平常的学习习惯、卫生习惯来看，她不像是那种生活习惯很差的女孩子啊，她的新舍友为什么会对她不理不睬呢？于是，我私下问了一位跟飞飞比较要好的同学，答案既在意料之外，又在情理之中。这位同学说："飞飞有一次答应帮老师改试卷，但是后来又说要学习，把试卷都交给我改了。我们都觉得她太自私了！她太爱学习了，除了学习容不下其他的东西。"回想起之前副班长的投选，原来，同学们的选择早就给了我暗示，只是我没有注意到。或者，是因为我的忽略，让飞飞走到今天被同学排挤的地步。

优等生的转变

我跟飞飞说起了这一件事情，飞飞若有所思，眼眶又红了："从小，我的妈妈便不在我的身边，爸爸一个人身兼多职。我知道他很累、很辛苦，因此，我只能够努力读书。"详谈下去才发现，这"成熟"的孩子不懂的东西太多："老师，原来交朋友要花时间去交流的啊？""老师，周末只有我一个人在家，这么无聊，能做什么？""老师，我觉得跟她们没有共同话题啊，我应该跟她们聊什么呢……"我的心里很不是滋味，她的爸爸教会了她如何生存和学习，却没有教会她如何与人交流，或许，比起老师，我更应该做她的"妈妈"。

我鼓励飞飞："交朋友这事情，我可不能出面帮你，用我的面子帮你交回来的朋友可不是你的真心朋友，但我可以帮你出点子。"从一开始，鼓励她给小伙伴写张小纸条道个歉，到让她学着腾出一点课外时间，了解一点别人的兴趣，飞飞一步一步地学习着如何交属于自己的朋友。

"老师，这颗奶糖请你吃！这是小凤请我吃的奶糖哦！"飞飞跑到我跟前，露出甜甜的笑容说道。或许，我们都认为品学兼优的学生并没有烦恼，因此把很多的精力都放在后进生身上，但是，优等生的学习和生活并不一定是一帆风顺的，请对优等生多一点细心、关注！

用语言的艺术做好德育工作

朱俊烨

虽然只做了半个学期的班主任，但我真切地感受到作为一个老师，语言的艺术真的太重要了。一个优秀的班主任必须要掌握能说会道的、能打动学生的语言艺术。为什么语言艺术如此重要？请听我慢慢道来。

一、语言的艺术比体罚更有效

语言的艺术比体罚更能走进学生的心里，让学生知道什么是应该做的，什么是不应该做的。只有学生从心里面认可你的做法，才会真心接受教导并做出改变，即使被罚了也心甘情愿。体罚的不好之处在于“治标不治本”，班主任必须时刻监督着班级，否则总是会有学生趁班主任不在就违反纪律。如果遇到个性和自尊心很强的学生，班主任采用体罚很有可能会“碰钉子”。

二、语言艺术有助于提升教育的说服力

班上有个女生小可（化名），平时自尊心和个性非常强，如果老师直接指出她一些做得不好的地方，她轻则当耳边风，重则直接狡辩甚至顶撞老师。对于这类学生，我根据实际情况，用语言的艺术和一些“糖衣药片”去规范她的行为。

第二学期开学初，学校要检查仪容仪表，但小可的仪容仪表并没有做好，她的刘海遮住了眉毛，不符合学校规定。我之前已提醒过她，但她还是不听。我只好邀她来办公室谈话。她来到办公室的时候，我先肯定她做得好的地方：穿了白布鞋；校服很整洁；校服外套下面穿的是灰加里面的白校服，搭配非常好看。听到我夸她而不是直接批评她，她表情还是没有

什么变化，但我想她心里对我的抵触应该少了很多。接着我问她花了那么多的精力在仪容仪表上面，有没有真的把仪容仪表做好。她说没有。我乘胜追击，接着问她哪里做得不好。她说刘海过眉了。如果能让学生说出自己哪里做得不好，那班主任在接下来的谈话里会占很大的优势。我接着开导她："你花了那么多的心思去弄仪容仪表，最后有没有弄好了？"她明显知道知道自己理亏，也说没有。于是我就花了一些时间跟她说"努力了那么久还没有把仪容仪表弄好多么的可惜"之类的话。说了很多，最后她又跟我说她想留中分，所以不想把刘海剪掉。我只好又先肯定她，夸她是一个对自己仪容仪表非常有想法的女生，但同时也对她提出建议和要求："你可以把刘海往上面夹起来。"这样既满足了她留中分的心愿，又不违反学校对女生仪容仪表的规定。她同意了。这次通过先肯定再提建议的方法，避免了我跟这位女生的冲突，达到了自己预想中的效果。

以后这位女生刘海过眉时，我不会直接说她仪容仪表不合格，而是委婉地跟她说她的刘海长得比较快，要注意，她也很乐意地接受了。

上面这位女生的案例只是用语言的艺术做好德育工作的案例中普通的一例，只要善于运用语言的艺术，用道理去说服学生，用学生爱听的话去引导学生，学生对老师、对班主任会更加信服。

第5章

教育感悟

参加西南大学特殊教育研修班的心得体会

钟育新

为加强特殊教育骨干教师队伍建设，提升特殊教育实践水平，10月13日至10月17日，区教育局联合西南大学举办了为期五天的特殊教育骨干教师研修班。能够参加这样高水平的特殊教育骨干教师培训，对我来说是一次非常难得的学习机会。虽然只有短短5天时间，却带给我前所未有的感触和震撼。

班主任江小英老师结合案例向我们讲述了融合班级的管理策略，让我对特殊儿童教育有了新的认识；她对融合教育的阐述也让我明白了如何让特殊儿童进入普通教育和参与普通教育，并以此达到进步。张文京教授虽有67岁高龄，但她用专业的术语、活泼生动的案例为我们娓娓道来，既解答了我心中的困惑，又引导我遵循听障儿童认知发展的规律进行教学和语言训练，以达到最佳教育效果。

张文京教授的课让我明白了特殊教育的重要性。给我感触更深的是：现在是我国特殊教育快速发展的时期，今后的特殊学校不仅仅服务于在校的少量学生，而且要转变职能，成为当地的特教资源中心，走进普通学校为融合教育提供技术支持。这让我意识到自己肩上的重任，我要扩大自己的知识范围，努力钻研特教技能，提升自己的综合素质。

赵斌教授的融合教育政策解读课，让我们明了融合教育的含义、起源、理念，了解了许多相关的政策法规。课上，赵教授阐述了人们对残疾人的态度变化：杀戮——遗弃——忽视——怜悯——过度保护。还向我们讲述了一些促进融合教育的典型事件。

魏寿洪教授结合其实践经验，以案例分析的方式向我们分享了融合班级行为管理策略，让我们了解到行为问题的产生过程和处理行为问题的几个理念：1. 强调预防为主；2. 不止改变个体行为，同时改变环境；3. 重视行为诊断，对症下药；4. 运用多种方式改变行为。魏教授的课让我们学到了很多实践经验，掌握了解决特殊教育中行为问题的方法。

通过这次培训和与专家教授们的交流，我觉得自己受益匪浅，对特殊教育有了更进一步的了解，学习掌握了特殊教育教学的专业技巧，我的特殊教育专业水平有所提高。作为一个刚刚涉足特教的教师，这五天的培训为我打开了一扇门，让我开阔视野，为我今后的学习和特教相关工作打下了良好的基础。

走进西南大学，接受特殊教育

——参加西南大学特殊教育研修班心得体会

吴莉平

2015年10月13日至10月17日，在顺德区教育局的组织下，我们40余名特殊教育骨干教师赴重庆西南大学进行了为期五天的培训学习。专家、教授的精彩讲座使我这个刚涉足特教行业的普校老师不管在理念上，还是在具体的教学活动开展上都有了许多新的认识，使对特殊教育懵懵懂懂的我豁然开朗。每一场讲座，我都认真地做笔记、拍照片，如饥似渴地汲取着特教知识的甘霖。

西南大学教育学部的江小英老师结合案例分析向我们讲述了融合班级的管理策略；年近七旬的重庆师范大学教授张文京老师不仅进行了融合教育的理论讲解，还现场回答了学员们在实际工作中产生的困惑；西南大学教育部特殊教育学系主任赵斌老师严谨的治学态度、妙趣横生的讲话、诙谐幽默的语言不时赢得老师们阵阵热烈的掌声；重庆师范大学副教授魏寿洪老师用其实践的经验结合案例分析向我们分享了融合班级行为管理策略。总的来说，这次培训的课程内容十分精彩，专家教授们丰富的理论知识如清澈的溪流，缓缓注入我的心田。“无条件地接纳每个残疾学生是我们每个老师最基本的良心。”“用超凡的爱呵护每一位折翼的天使是我们每个老师的责任和义务。”这些充满爱的特教理念深深地刻在我的心中。

经过学习，我对特殊教育有了更深的体会，也有了新的认识：

作为一名在普通学校负责特殊教育管理的老师，要有对特殊孩子的足够爱心和关注。生命是最伟大的，即使是残缺的生命，我们也有责任、义务去关爱。

作为一名普通学校的教师，没有特殊教育教学经验，仅凭一腔热情是不够的。因此在平时的工作和学习中，我要积极向各位老师学习，认真钻研课程，认真完成学校领导付与的各项任务，完成好学校的各项教育教学任务。

满足残疾儿童的特殊需要是特殊教育区别于普通教育的本质特征之一，是满足其教育需要的重要组成部分，同时也为更好地满足其普通需要奠定了基础，并为促进普通需要更好地得到满足创造了条件。如对视力残疾的儿童而言，如果教师在教学时能够关注到其因视力原因没有掌握或掌握不准确某些概念，加以个别辅导，他们在上数学、自然等课时运用这些基本概念将不再是难题；如果加强了他们的各类感知训练，他们在学习生活和日常生活中通过感知而获得信息的速度就会加快，从而提高他们的学习效率；如果他们每个人都有良好的定向行走能力，他们的学习和生活将变得更加方便；如果他们的行为举止与正常儿童没有什么两样，他们就能更好地融到社会中去……总之，他们的特殊需要满足得越多，对其视觉缺陷就补偿得越好，他们与普通儿童的差距就会越小，发展的起点就越接近普通儿童，圆满顺利、全面发展的可能性就越大。补偿缺陷，发掘潜能，一定要立足于既看到障碍（缺陷）更重视潜能的全人教育观。

我们学校今年还没有招收到特殊学生，在教学实践方面，可以说我们还没有任何经验可言，但我们经过五天的学习已经积累和沉淀了一定的理论知识和方法。学习中的感悟、触动中的思考、反思中的提高，将会使我在特殊教育的领域中对自己的工作角色进行审视和定位，为每一位残疾孩子探索、提供合适的教育，为残疾孩子的终身发展贡献自己最大的力量。

老师爱吃巧克力，我们都知道

杨晓惠

“这是一个学生放在门卫处的，说要送给杨老师。”学校门卫把一盒巧克力放在我的办公桌时说道。

“哪个学生送的呢？为什么他不亲自送进来呢？”“估计是做了错事的学生送的”“估计是已经毕业的学生送的”……同事们讨论着。我拿着还没有拆开包装的巧克力，也猜度着送巧克力的人是谁。

包装盒里放着一张纸条：

老师，我又一次让你费心了。那天我无意说你老了，对不起。请您原谅。老师你在我的心中，永远是拥有青春魅力的大姐姐。

老师，告诉你一个好消息，我爸爸妈妈终于答应让我报兰州大学了。

纸条上没有署名，但它已清楚地告诉我她是谁。不久前的一幕再现眼前：

那天，一位已经毕业的学生十分苦恼地告诉我，她想到兰州读大学，可惜家里人强烈反对。她征求我意见。我想了一下，只是叹息了一声。因为年轻啊，想往外跑那是再正常不过的。可是啊，一个女孩子，身体不好，到生活条件不怎么好的地方去，哪有取得父母同意的可能呢？

我又想了一下，告诉她她应该留在广东——

电话的那头传来的是她啜泣的声音，她说的一句话让我愣了：“你以前不是这样的，是你告诉我们，人应该要往外跑——追寻梦想。你老了！”

她是一个非常要强的女孩子，也是非常出色的学生，她从来没有让我失望。今天，老师却让她失望了。

是的，寻梦，就该撑一支长篙。那年我大学毕业，到西藏援藏的心何等的炽热。但最后我还是回到生我养我的顺德当了一名普通的人民教师。“凭谁问、廉颇老矣，尚能饭否？”梦想始终在，追寻不会结束。只是她还年轻……

望着巧克力，我的思绪飘得更远了。

五年前，读初二的她患上了急性白血病。她妈妈带她到学校办理休学时，她问我：“老师，人生真的如戏吗？”我的鼻子一酸，没有说话，把她送到学校门口。在学校门口，我跟她说：“人生如画，如你画的画一样美；人生如诗，如你写的诗一样美；人生就是一场运动会，就是你拼搏的赛场。记着，你的拼搏精神让你获得多项比赛的冠军，老师以你为荣。”说着，我从口袋里拿出我最爱的巧克力塞到她手中：“老师送你巧克力，希望你知道生活是甜的，这也是老师一直爱吃巧克力的原因。”

初三毕业时，她以优异的成绩考上了市属重点高中。

一转眼，这孩子就要进入高考考场了，经历高考的考验，也将更成熟。

吃着学生送来的巧克力，回味着孩子们常说的那句“老师爱吃巧克力，我们都知道”，我傻傻地笑了。是啊，这些年来，在拉开抽屉时、在打开教学文件夹时、在桌面的某个角落都能找到我最爱吃的巧克力，那是学生悄悄送上的。一届又一届的学生毕业了，但我经常收到门卫代送进来的巧克力，那是学生匆匆经过的时候给我留下的。

我是一名普通的人民教师，这些年，感觉最甜蜜的时候就是吃着学生送的巧克力时。通过巧克力，孩子们把他们的爱传递给我。除了因为他们都知道老师爱吃巧克力外，更重要的是他们都知道巧克力的意蕴之美。如今社会，巧克力不是什么奢侈品，不贵的价格就能换来不错的享受，可以带来愉快的心情，会有沁心的满足感。甜蜜的感觉由嘴到心，又由内而外地表现出来。我把最简单的生活中的甜教给了学生，学生把生活中的甜送给了我。那不再是单纯的一块巧克力，那不再是单纯的一份礼物，那是学生质朴的、衷心的祝愿，那是学生最纯真的对生活的理解。孩子不傻，他们知道谁是真心爱他们，他们知道是谁清除了他们悲伤的瓦砾，是谁推倒了令他们绝望的断壁，是谁点燃了他们希望的灯。因为有老师的爱，所以便有了学生对老师最纯粹的爱。

我永远不会忘记自己身上的责任，在播撒知识的同时也把甜洒在孩子们的心间。希望每个孩子眼中的世界都是甜的，也希望他们能够努力创造甜美的生活，更希望孩子们懂得：在巧克力那短暂的苦涩之后，舌尖泛起的浓郁的甜蜜会慢慢地，慢慢地，散到人心里最深最深的地方。

当一位“懒”班主任，把锻炼能力的机会留给学生

——浅谈班级管理中培养学生自主管理能力的几点做法

吴丽娇

有人说班主任是世界上“最小的主任”，可这“最小的主任”的工作却是繁琐零碎的，管的事特别多、特别细。大至繁重的教育教学工作，小至扫把、粉笔摆放等鸡毛蒜皮的小事，样样少不了班主任的操心。创建一个良好的班集体，培育学生健全的人格，更是班主任肩上责无旁贷的重任。我们没有三头六臂，一天也挤不出25个小时，要想把每件事都做得完美绝非易事。为了能让自己从一些繁杂、琐碎的小事中解放出来，那么探索一种轻松快乐的管理方法，让学生成为班级管理的主人，培养学生自我教育、自主管理的能力就显得尤为重要了。

俗话说:“懒妈养出勤快女。”那是不是“懒”教师也能培养出一批勤快的学生呢？所以我决定尝试一下“偷懒”——充分发扬民主，千方百计调动他们的积极性和创造性，让我的学生勤快起来，让全体学生积极参与管理，培养他们独立自主的精神和自我管理的能力，尽快学会自主管理，达到“管，是为了不管”的目的——把锻炼能力的机会留给学生。

一、“家”的建立，在“家”中经常进行思想传递

想实现学生的自主管理，让自己可以经常“偷懒”，必须先让学生信任你，前期工作必不可少。

在开学的第一天，为了让学生有“家”的归属感、亲切感，我就把班集体称之为“家”，明白地告诉学生：我们是一个大家庭，我是这个家的

"家长"，你们是家庭成员，应如兄弟姐妹般相处；我希望你们在成长的道路上，尽自己最大的努力，去发现自身的价值，在快乐中成长，学会惜时、感恩、自信、努力、合作，并能收获成功。

当然，这时还不能对"家"中的事撒手不管。初期要勤进班，然后循序渐进地"懒"，不知不觉地"懒"。但有一点要说明的是，心不能懒。如果心懒了，别的就懒不起来了。眼和耳也不能懒，要多看、多听、多思。让一切的"懒"在自己的掌控之中，是节制的懒，理性的懒，甚至是让人不知不觉地懒。虽然不直接动手操作，但却应该时时牵挂在心，指导学生的行动。

为此，我很注重情感的投入，在内心深处把他们当作自己的孩子。不论是穿衣冷暖，建议给校服的裤子口袋装上拉链以防止运动时掉东西，还是宿舍的物品如何分类、用什么分类，如何快速分辨自己挂着的校服等等都是我关心的内容。

最关键的还是要学会嘴懒。以前我事无巨细，凡事都要唠叨，学生犯了错误，道理讲了不知多少遍，美其名曰做思想工作，但这种说教又有多少功效呢！我们每个老师都讲这些内容，学生几乎都会背了。可是一出门，还是我行我素。所以，现在我干脆也给自己的嘴放个假，让它也学会懒。平时学生犯了错误，我很少训斥、惩罚他们，而是让他们学会自我反省，我只帮助他们分析原因，制定改正措施，指导他们将功补过，学会自我调整，引导他们向好的方向发展。

其次，我还经常向我的学生传递这样的思想："班级光荣我光荣，我为班级争光荣""大家好才是真的好"。行动上提醒他们："管好自己，提醒他人""不守规矩最终吃亏的还是自己""你的行为不只代表你自己，还代表着7班"。经常要求他们对照"老师不在表现好是优秀的学生，老师在表现好只是合格的学生，老师在表现不好是落后的学生"严格要求自己，真正把自己当作班级的主人。我还经常说："如果吴老师有事请假了，在没有代班主任的情况下班级能正常运作，那你们就成功了。”我非常尊重我的学生，有开心的事大家分享，有问题大家分忧，让他们感受到我的关心，处处感受到班级是自己的大家庭，努力让每个学生都成为我的合作者、好帮手，让他们都愿意为班级利益付出努力、做出贡献。这为我的“偷懒”奠定了基础。

二、选准班长，让班长成为得力助手

一位能干的、在班级同学中有威信的好班长在班级的自主管理中尤为重要，他应该是班主任的得力助手，起上传下达的作用，特别是班主任不在场的时候，他应该能起到班主任的作用，因此对班长的挑选、培养、工作方法的指导很重要。为此，我首先在初一刚军训时就故意设置一些规则与内容不明确的小分组活动，并让学生自我介绍，随便说说过去或什么趣事都行，过程中我细心观察，看谁有指挥才能，看谁会去分工合作，看谁自信，看谁口才好、表达能力强，并在花名册上做好记录；其次是查看他们的入学信息表，了解他们的过去，有班干部经历的做好记录；最后是设计好表格，让每一位学生填写兴趣爱好，哪一科学得好，能做好什么班务，想当什么班干部等等，综合这些因素选出班长及值日班长。我经常对班长说：“吴老师不可能24小时跟着你们，因此你很重要，吴老师不在班级的时候你一定要管好班级。你应该明白一个道理：班级好了，你才能好；管好班级，表面上看好像是在帮老师，实质上是在帮你自己，让你自己好上加好。班级不好，只会成为你前进的绊脚石。”平时多指导他如何与同学相处，与同学发生矛盾、产生不愉快时如何处理等等。有了好的班长，又为我的“偷懒”增加了一层保障。

三、班务合理分工，让班级没有闲人

以前做班主任时碰到过这样的事情：选举出几位班委干部之后，大多数的学生都认为自己是“平民百姓”，班务应该由班委同学去做，跟自己没有多大的关系。这样就出现了“有人活干不完，有人没活干”的状况，最终甚至有可能导致班干部辞职不干的局面。为了避免这种事情的发生，我设立了53个班务“岗位”，除了班长、值日班长、学习委员、体育委员、生活委员、卫生委员、宣传委员、文娱委员等常规班委之外，我还增设了班务委员、公物保管员、电教设备管理员、图书管理员、班主任通讯员等，还有科代表、大组组长、四人小组组长、卫生小组组长、宣传小组成员等，总之“人人有份，永不落空”。我还经常告诉他们，如果你不做这一份班务，那你能胜任哪一份班务呢？可以提出来和班主任与其他同学一起协商调整。做班务是你在班级的权利与义务，我们班是没有闲人的。这个“家”的荣誉，不只是某一个人的事情，也不是某一部分人的事，我们大家应该共同管理，共同出谋划策。我希望“家”中之事大家管，人人有事做，事事有人管。我还经常教他们学会与人合作，学会与人交往，学会欣赏他人的优点，学会包容他人的缺点，学会助人等，现在哪怕是有同学请假，或因生病、受伤等做不了卫生值日，不用我或卫生委员做临时安排，他们四人小组的成员都会主动帮这位同学完成值日工作。我把锻炼能力的机会留给了学生，每位学生各司其职，班级没有闲人了，各项事情都有人负责，我这个班主任也可以开始“偷懒”了。

四、耐心对待后进生，让自己有更多时间“懒”

对于后进生，我们知道总会有这样那样的违纪事情出现，反反复复，时好时坏，甚至会出现抵触情绪和反抗举动等。为了防患于未然，我在耐心指出他们的缺点的同时，也经常为他们创造成功的机会，根据他们的能力安排他们做力所能及的班务，让他们不断提高做事的能力，哪怕是一点点的进步，我也及时表扬、鼓励，使他们树立信心。像阿乾（化名）的卫生委员、阿锋（化名）的图书管理员就做得很好。我还经常告诉他们，我们每一个人天生都有自我调整的能力，我相信你们并没有丧失这种能力，能自我调整，不需要外力的干预。阿锋同学在一次考试中作弊，我并没有马上告知家长，而是及时找他谈话，了解情况。在他认识到自己的错误之后，我也并没有向他的家长告状，而是要求他回家自己告诉家长缘由、事情的来龙去脉并向家长认错，再由家长与老师联系，给学生和家长留有余地和台阶，也再一次留给学生自己去认识错误、自我调整的机会。之后我在全班声明，帮助阿锋是大家的事情，要求每一位同学不能放弃他，每人给他写一封信。来自班集体的友谊、尊重、理解带给他很大的触动，他在给全班的公开信中写道："我很惭愧，面对大家对我的帮助和鼓励，我一定会努力，请相信我……"往后的日子，他变了，学习勤奋多了，做事也认真了，听课更专心了。多给后进生留面子和创造锻炼能力的机会，他们也会给班主任留面子。多一些后进生学习了，不惹太多的事了，我也就让自己有更多的时间"懒"了。

正因为我们这个"家"的同学亲如兄弟姐妹般地生活和学习，我们班每学期的考试综合成绩才能排在年级前列，我们的"家"才能取得不少的荣誉："军训队列操二等奖""文明先进班集体""综合评比优秀班集体""文明宿舍先进班集体""课室文化评比第一名""校运会精神文明班集体"……

我希望我的学生们在成长的道路上，尽自己最大的努力，去发现自身的价值，在快乐中成长，学会惜时、感恩、自信、努力、合作，并能收获成功。

楼道里有个孤单的书包

——我的教育成长故事

吴莉平

爱是教育的本质，谁用爱教育孩子，孩子就爱谁——这句话在我 15 年的教学生涯里一直影响和引领着我，贯始至终、经久不息。回首自己一路走来的教育教学生活，有无数挥之不去的记忆，有太多值得珍藏的故事，还有许多宝贵的教育财富……

5 年前，我刚到开中第二年，担任初二（3）班的班主任——那是一个出了名的班级：男女生中均有几大调皮“金刚”，整个班级没有正气，一盘散沙。这是一个典型的让科任老师们都很头疼的问题班级。从暑假的军训开始我就深感这帮孩子就像一群野马，不是那种能靠常规管理驯服的主儿，怎么办？

机会来了……

这天晚上我经过楼道，在拐角处发现地上躺着一个书包，会是谁的？翻开书包一看，我心中的担心立刻得到了印证：果真是我班上的学生的，而且就是那个最顽皮的“小博（化名）同学”的！我眼前马上浮现出那个让所有老师无奈的“小博”的面貌，心想：好家伙！平常老欺负同学和老师，你也有今天！我心中窃喜，一丝快意在我心间滑过，但这感觉转瞬即逝——这帮家伙连平常这么铁的哥们儿的书包都敢丢出来，可见真不是省油的灯！

该出手了……

我拖着这个沉重的书包，神色凝重地走进教室，没有说一句话，转身在黑板上写下“哀莫大于心死”几个字。同学们默默地看着黑板，仿佛在思考我写这句话的用意。“同学们，这个书包是我们班小博同学的，它孤单地躺在地上，没有人问津，很可怜！这让我想起了之前有同学告诉老师的一件事——我们班上的班干部不敢管学生，因为怕被报复，因为管了纪律，班长的书被塞进了厕所下水道，这个班长也很可怜！一个是调皮的小博同学，一个是乖巧的班长，他们都遭到了同样的对待，我不想再去追究谁的责任，但这样做是很伤人心的——哀莫大于心死呀！”我有意地顿了顿，注视着下边的孩子，这时候我发现已经有一些孩子双眼湿润了，看来我说到孩子们的心里去了，也许这个班里遭受过同样待遇的孩子不在少数呢。

我继续趁热打铁：“孩子们，老师要你们记住，我们是一个整体，一个团队，每一个孩子都是我们班上宝贵的财富，一个都不能少，一个都不能受委屈，即便小博同学再坏也是我们初二（3）班的坏——蛋！”我有意调侃，想要活跃一下气氛，同学们一下子又从沉静的气氛中回过来了，他们发出了会心的笑声。我要的效果达到了，孩子们的心也已经和我的心贴在一起了。

我咬定青山不放松，继续敲打：“所以，从今天开始，我们要团结一致，一起努力杜绝这类事件的发生！大家有没有信心？”

“有！”最先出声的反而是那几个最调皮的孩子，而且大家马上以热烈的掌声来表达认可和支持。

第二天小博回来上学了，他从同学们那儿得知了前一天晚上发生的事情，跑到办公室来感谢我。透过他那从没有闪现过感激的眼神，我分明感受到了此刻他纯真的情谊和改过自新的决心。很多时候我们苦口婆心的面对面的说教也许远远比不上第三方的转告。多年后我总结起这段往事，总觉得孩子是最真的，你爱他们，他们是会感觉得到的，也会以同样的爱回报你的。

后来的一件事又印证了这一点。那天是周日，我接到了一个电话，是小博打来的，他在电话里带着哭腔对我说："老师，我爸爸打我，我现在在家里洗手间，呜呜——""你，别着急，老师能为你做点什么？"我也很紧张了，一方面先安慰他，另一方面马上打电话给他的妈妈，询问情况，才知道是两父子之间出现了分歧。他的妈妈仿佛很高兴，她告诉我，她的儿子能找我倾诉，说明他很信任我，愿意听我的教育。期间她还提到了关于书包的这件事情，她说她的儿子很感激我，我当时真的没有想到这么一件事情会在一个孩子心中产生这么深远的记忆和影响。我进一步让他的妈妈去开导他的爸爸，好好用道理教育儿子，不要动用武力。在大家的共同努力下，他的爸爸也逐渐改变了教育孩子的方式方法。再后来，小博下决心改掉抽烟、打架的陋习，上课很认真，积极发言，坚持读完了初三，毕业后在广州一所烹饪学校学习烹饪，发挥自己的特长，最后在上海一家星级宾馆找到了属于自己的位置。

我在想，当初如果我对楼道里那个孤单的书包置之不理，也许小博就真的会放弃自己，成为社会青年中的一员，就这样庸庸碌碌地在社会上混日子了。每个人都只是芸芸众生中的一个不起眼的存在，小博离我的视线逐渐远去，未来也许还会有很多这类案例在等待着我。时光流逝，改变的是岁月和容颜，不变的是我对教育事业的忠诚、对孩子的爱和对家长的责任心。

爱告诉我们：只要你相信每个孩子都能成才，他就能成才！

如何用教育智慧解决班级偶发事件

冯淑霞

每天繁杂的日常管理，已让许多班主任忙得不可开交，一旦班上出现一些特殊的偶发事件，更是让班主任头痛不已。如何用教育智慧解决班级偶发事件？我认为可以从以下几个方面着手：

第一，要有“忍”心，冷处理，给大家冷静的空间。

一位教育学家讲过：“‘忍’心，不是平庸，而是一种智慧。”我们常说“小不忍则乱大谋”。很多时候，当班主任发现学生犯错误时，就会很生气，马上把学生带到办公室，一番苦口婆心地教育。但我们发现学生往往左耳听，右耳出，一点效果都没有，甚至有时候和你顶撞起来了。这时候，我们不妨先给学生静下来反思的时间，也让自己思考怎样处理更为妥当，我们把这种方法叫冷处理。冷处理可以避免更大矛盾的发生，可以让许多大事变成小事。

2010 年那年当班主任时，我就深深地体会到冷处理这种方法所带来的好处。那年是我当班主任的第二年，在初三的第一个学期，学校出于共同发展的目的，将级组中最差的几个顽劣学生分配到其他班级，而我刚好就接收了一个经常与老师发生摩擦的学生，人称“顶撞天王”。他刚到我班时，我就与他交流了我管理班级的原则，首先是尊重老师，不允许与老师发生冲突。他也表示会改正以前的毛病。可是江山易改，本性难移，没过两个星期，他的老毛病就犯了。他竟然在英语课堂上对着老师骂粗口，气得英语老师将他的桌子搬到了走廊，不让他上课。更糟糕的是，他丝毫没有向老师认错的意识，当学生让我到班上处理时，一看到他那副“我就是这样，你能怎样”的态度，我顿时火冒三丈，马上把他带到办公室，因为当时我气得说不出话来，所以先让他站在我旁边，我沉默不语，大家就这样僵持着。

出乎意料的是，十分钟过去了，原本趾高气扬的他慢慢地低下了头，不敢望我了。我还没来得及开口，他就抢先一步了，低头说："老师，我知道错了！"我刚刚还气在头上，听他这么一说，我也软化了，便顺势要求他将事情的来龙去脉写下来，重点交代他对这件事的态度和想法。记得他写道：如果当时班主任批评我，我肯定会与班主任顶撞起来，可班主任却不说话，这反而让我冷静下来思考自己犯的错。最后的结果是这名人称"顶撞天王"的学生在我的冷处理下不但承认了错误，还向英语老师真诚地道歉了。

由此看来，冷处理不但能将大事变成小事，还能让犯错的学生反思自己的过错，达到"无声胜有声"的效果。

第二，要有耐心，给学生成长的时间与空间。

教师就像父母，都希望学生成才、懂事。所以在教育学生时往往有些急性子，看到学生犯错，屡教不改，会感到失望，有种恨铁不成钢的心痛。其实，学生是孩子，错误屡犯是常见的，我们教师只是缺乏一些等待的耐性。但很多时候，只要我们给予学生成长的时间与空间，我们就会收获意外的惊喜。

记得第一年当老师，我担任 2005 届 9、10 班的语文老师。那一届的学生，足以让老师瞠目结舌。学生上课随意走动，更甚者，他讲话的声音比你的还要响亮。我通过课后个别谈心做足了他们的思想工作，学生们当时表示能做到，可一转身，老毛病又犯了。记得最让我揪心的是有一次上课，闹哄哄的课堂让我生气极了，我极为恼火地说了一句："就这样闹哄哄的课堂我就不上课了。"谁知，一向最为好动的小文（化名）冒出了一句"不想上，就别上了。"当时的我，把语文书一扔，扔下一句"不上课了，改为自习”就含着泪走出了课室。不尊重老师，惹老师哭是大错误，自然是找家长，写检讨，把这位学生狠狠地批评了一通。自此后，小文在课堂上安静了不少。因为特殊原因，这个班我只教了二年，原以为与这届学生的缘分就到此结束了。

可他们毕业时给我送来了一本写满所有同学祝福和心里话的毕业赠言本子。我翻着用五颜六色的笔绘成的七彩文字，突然发现昔日不懂事的孩子长大了。我为他们的纯真，为他们的厚爱而深深震撼着。原来决定一个人在另一个人心中的分量的不是时间的长短，而是你是否用心去对待他们。付出了孩们会知道，只是我们当时真的剥夺了他们成长的空间，一味要求拔苗助长的教育能成功。特别是那个我自认为最差劲，并且是他第一次让我哭着走出课室的学生更让我有这种体会，他的留言如下：

“淑霞老师：很感谢你教我们两年，你用老师的执着、朋友的关心去诠释你对我们的爱，我们不能忘记，也都不会忘记。你怀孕上课，有时会不舒服；我能做的只能是让自己静下来，不再惹你生气；我能做的也只是准备好一杯温水，让你舒服些。老师，如今我们将各奔东西，为我们的理想而奋斗，离开昔日的校园，离开昔日的你，心中有万分的不舍。但为了使翅膀变硬，使船帆升起，我们只能去接受更多的磨炼。尽管前面的路充满危险，但我们会带着你的爱，勇敢地向前走。不管过去，现在或未来，你都是我们最尊敬、最爱戴的老师。”

他们的话让我明白：很多时候，我们不必着急于孩子们的不懂事，其实，当你给予他们成长的空间，细水长流地付出，学生终会感受到的。

第三，要有信心，坚持信念，让爱成为一种信念。

有了等待的耐性，还需要坚持信念，确信学生会成长、会懂事，因为我们常说：坚持就是胜利。

2008年曾出现过这样一幕：我所担任班主任的班级的几个值日班长同

时向我提出“辞职”。在我耐心地询问下，他们才道出原因：“老师，同学们都说你变了，变得像一颗炸弹，一颗随时会爆炸的炸弹。所以同学们处处跟我们作对，我们怕管不好，你又会对我们……”他们不敢再往下说，但学生的话，让我心里很不是滋味，我陷入了深深的反思中。第二天，刚好是教师节，我要求学生把最想对老师说的话写下来，不论好坏。结果，一如我想，很多学生婉转地表达了他们对我的管理方法的不适应。我才明白，原来每个老师都有自己的教育方式，别人行得通，并不代表你也可以。这次以后，我开始摸索着一套属于自己的管理方法。时隔一年，在2009年的教师节，学生们又用同样的方法写下了自己的心里话。这次，我收到的不再是表达意见的纸条，而是满满的祝福语和真情的传达。

“冯老师，你就像这张粉红色的纸，充满着活力，和你一起学习，总是特别的愉快。”

“冯老师，你是我们大家公认的很好的班主任。许多话都不知如何表达出来，才发现多么华丽的词汇，都不足以形容您。您一直像太阳一样关照着我，使我在这陌生的环境中，被那温暖的阳光滋润着心田。黄色的纸，灿烂的您，满满的祝福送给您。”

那些亲切、工整、深情的文字，更让我深深地体会到“坚持就是胜利”的道理，教育学生要寻找适合自己的方法，并且要坚持下去，让爱成为信念，花儿将绽放得更灿烂。

一个班几十个孩子，有偶发事件发生是很正常的，关键是我们怎样用我们的智慧快速且完美地解决这些偶发事件呢？记住“‘忍’心，耐心，信心”，我相信，许多问题都会迎刃而解的。教育学生时，多留一些成长的空间，教师多一份坚持，这些汇集起来就一个“爱”字。播撒爱，播撒阳光，我们的学生就会像花儿，有了阳光的滋润，就会绽放得更灿烂，让花儿在爱中绽放吧！